MÉMOIRE

SUR UNE

NOUVELLE MÉTHODE DE TRAITEMENT

DU

TORTICOLIS ANCIEN.

TROISIÈME MÉMOIRE

SUR LES DIFFORMITÉS DU SYSTÈME OSSEUX.

SÉRIE DE MÉMOIRES

SUR LES DIFFORMITÉS DU SYSTÈME OSSEUX;

Par le Docteur JULES GUÉRIN.

———

PREMIER MÉMOIRE.—MÉMOIRE SUR LE TRAITEMENT DES DÉVIATIONS LATÉRALES DE L'ÉPINE, PAR L'EXTENSION SIGMOÏDE; lu à l'Académie royale de Médecine, le 15 novembre 1834; in-8°, avec planches.— Prix. . . . . 1 fr.

DEUXIÈME MÉMOIRE. — MÉMOIRE SUR LES MOYENS DE DISTINGUER LES DÉVIATIONS SIMULÉES DE LA COLONNE VERTÉBRALE DES DÉVIATIONS PATHOLOGIQUES; présenté à l'Académie royale de Médecine, le 2 juin 1835; précédé de trois Rapports faits à l'Académie sur ce Mémoire; in-8°, avec planches. — Prix. . . . . . 1 fr.

TROISIÈME MÉMOIRE. — MÉMOIRE SUR UNE NOUVELLE MÉTHODE DE TRAITEMENT DU TORTICOLIS ANCIEN; présenté à l'Académie royale des Sciences, le 3 avril 1837; in-8°. — Prix. . . . . . 1 fr.

Au bureau de la GAZETTE MÉDICALE, rue Racine, 14.

MÉMOIRE

SUR UNE

NOUVELLE MÉTHODE DE TRAITEMENT

DU

TORTICOLIS ANCIEN;

PRÉSENTÉ

A L'ACADÉMIE ROYALE DES SCIENCES, LE 2 AVRIL 1838,

PAR

LE DOCTEUR JULES GUÉRIN,

Directeur de l'Institut Orthopédique de la Muette.

PARIS.

AU BUREAU DE LA GAZETTE MÉDICALE,

RUE RACINE, N. 14, PRÈS DE L'ODÉON.

—

JUIN 1838.

IMPRIMERIE DE FÉLIX MALTESTE ET Cᴵᴱ,
RUE DES DEUX-PORTES-SAINT-SAUVEUR, 18.

AVANT-PROPOS.

Le mémoire que je publie aujourd'hui séparément a été inséré dans la GAZETTE MÉDICALE des 7 et 28 avril 1838. Cette première publication a soulevé la critique et l'opposition que soulèvent toutes les choses qui s'annoncent comme nouvelles. On a combattu plusieurs de mes propositions, et on a recherché avec soin tout ce qui avait pu être tenté antérieurement dans la même direction, soit en France, soit à l'étranger. Cette opposition, qui n'a pas toujours été inspirée par le seul intérêt de la science et de la vérité, a eu néanmoins quelques bons résultats. Elle m'a conduit à préciser d'une manière nette et positive ce que je regarde comme véritablement nouveau dans mes recherches ; et elle m'a fait apporter quelques restrictions à mes opinions primitives, par suite de la remise en lumière de quelques essais qui avaient passé jusqu'alors inaperçus.

La méthode de traitement du torticolis ancien que j'ai décrite dans ce mémoire repose sur les deux faits suivans d'anatomie pathologique, que je crois nouveaux :

1° Dans le torticolis ancien, presque toujours la rétraction et l'arrêt de développement musculaire sont exclusivement bornés à un seul des deux chefs du sterno-cleïdo-mastoïdien et le plus souvent au chef sternal, que je considère anatomiquement et physiologiquement comme un muscle distinct du cleïdo-mastoïdien ;

2° Il y a dans cette difformité, indépendamment de l'inclinaison de la tête, du côté du muscle rétracté, une inclinaison en sens inverse de la colonne cervicale sur la région dorsale, qui persiste invariablement après la section du muscle.

Ces deux faits m'ont conduit d'une part à une simplification du traitement chirurgical, à la section séparée du chef musculaire rétracté au moyen d'une simple ponction à la peau ; de l'autre, à l'invention d'une machine propre à compléter, par un traitement consécutif, le redressement de la tête et à faire disparaître l'inclinaison cervico-dorsale.

Beaucoup d'objections et de critiques ont été adressées à ces deux propositions, les unes tendant à les combattre, les autres tendant à revendiquer au profit de mes devanciers ou de quelques chirurgiens étrangers, tout ou partie de mes remarques et de mes moyens mécaniques et chirurgicaux. On trouvera à la fin de ce mémoire, sous forme de notes et éclaircissemens, les différentes pièces de la polémique que j'ai eu à soutenir ; je ne les reproduirai pas ici ; je me contenterai d'indiquer les points sur lesquels elle a roulé, et les résultats qu'elle a produits, du moins dans mon opinion.

On m'a objecté que le fait de la circonscription de la rétraction musculaire à l'un des deux chefs du muscle sterno-cleïdo-mastoïdien avait été remarqué avant moi, et que d'ailleurs il n'était pas rigoureusement exact. J'ai répondu et démontré, je crois, quant au premier point, que personne avant moi n'avait insisté sur la circonscription de la rétraction musculaire bornée à l'un ou l'autre des deux muscles, et surtout n'avait donné les caractères et les raisons anatomiques et physiologiques de cette circonscription. Quant au second point, c'est-à-dire à l'exactitude de cette observation, je l'ai établie par toutes sortes de preuves, et j'ai fait connaître les causes qui avaient pu en imposer aux observateurs peu exacts et superficiels.

On a nié l'existence du fait tout anatomique de l'inclinaison de la colonne cervicale du côté opposé à l'inclinaison de la tête sur le cou; j'ai soutenu mon observation, j'en ai appelé aux faits, et l'on n'a pas insisté.

On a prétendu que des chirurgiens étrangers avaient tenté avant moi la section sous-cutanée du muscle sterno-mastoïdien; j'ai répondu d'abord que jusqu'ici aucun de ces essais n'avait été publié ni connu en France, à tel point que plusieurs cas de torticolis, opérés récemment dans les hôpitaux de Paris, l'avaient été par l'ancienne méthode; j'ai retrouvé et signalé le premier l'unique tentative faite par Dupuytren dans cette direction, et j'ai rapporté moi-même les cas où d'autres tentatives analogues avaient été exécutées à l'étranger; j'ai montré d'ailleurs les notables différences qui existent entre ces essais peu régularisés encore, et la méthode que je crois avoir définitivement constituée.

On a prétendu que les machines nouvelles que j'ai proposées avaient été plus ou moins explicitement indiquées avant moi : j'ai montré qu'il n'en était rien.

Enfin on a déclaré que ma méthode de traitement, surtout en ce qui concerne la section sous-cutanée d'un ou des deux muscles mastoïdiens, ne serait jamais qu'une méthode exceptionnelle; j'ai répondu qu'elle constituait une méthode générale absolue ; j'ai indiqué les motifs de cette manière de voir, et j'ai promis de l'établir par l'expérience. C'est à l'avenir de sanctionner cette conclusion de mes aperçus scientifiques et aussi des premiers faits que j'ai eus à ma disposition. Sans vouloir anticiper sur les résultats d'une expérience que j'ai déjà portée bien au-delà de ce que j'en ai dit dans ce mémoire, je crois pouvoir affirmer qu'aucun cas de torticolis ancien n'échappera à la méthode de la section sous-cutanée des muscles rétractés, et que l'ancienne méthode devra être à jamais proscrite comme arriérée, incomplète et dangereuse.

MÉMOIRE

SUR UNE

NOUVELLE MÉTHODE DE TRAITEMENT

DU

TORTICOLIS ANCIEN.

J'ai décrit, dans mon HISTOIRE DES DIFFORMITÉS DU SYSTÈME OS-
SEUX, les différentes espèces d'inclinaison latérale de la tête, ainsi que
les méthodes de traitement proposées jusqu'alors pour les combattre.
Je ne répèterai rien ici des développemens dans lesquels je suis entré,
dans la vue de présenter, avec quelque précision, l'histoire d'un ordre
de difformités dont aucun auteur n'avait traité d'une manière détaillée.
Je me propose uniquement aujourd'hui d'exposer une nouvelle méthode
de traitement contre l'espèce d'inclinaison de la tête qui est produite
et entretenue par un raccourcissement ou un défaut de développement
du muscle sterno-mastoïdien, difformité à laquelle un grand nombre
d'auteurs ont donné le nom de TORTICOLIS ANCIEN. Cette méthode comprend à la fois un procédé opératoire nouveau et l'emploi d'appareils
mécaniques nouveaux, et elle résulte de la combinaison successive de
ces deux ordres moyens. Avant d'indiquer en quoi elle consiste, je
vais exposer rapidement les idées qui m'y ont conduit, et qui lui ser-
vent naturellement de base.

§ I. De la duplicité anatomique, physiologique et pathologique du sterno-cléido-mastoïdien.

En examinant attentivement le cou d'un jeune homme affecté d'un torticolis de naissance, je fus frappé de cette particularité, à savoir, qu'en faisant respirer fortement le sujet, on voyait manifestement la portion claviculaire du sterno-cléido-mastoïdien se contracter pour concourir au soulèvement en totalité du thorax, alors que la portion sternale restait complètement immobile. Cette observation bien établie fut un trait de lumière qui me conduisit immédiatement aux conséquences suivantes :

1° Le sterno-cléido-mastoïdien constitue deux muscles distincts, le sterno-mastoïdien et le cléido-mastoïdien.

2° Le sterno-mastoïdien et le cléido-mastoïdien ont des fonctions séparées; le premier est surtout moteur de la tête, l'autre est un muscle essentiellement inspirateur.

3° Dans le torticolis attribué jusqu'ici au raccourcissement total du sterno-cléido-mastoïdien, la portion sternale du muscle peut être seule primitivement affectée.

4° Dans le traitement du torticolis chronique, dû au raccourcissement du sterno-mastoïdien, la section de la portion sternale peut suffire pour faire disparaître la cause essentielle de la difformité.

J'ai soumis ces quatre propositions à l'observation et à l'expérience directes. Voici comment je suis arrivé à la confirmation de chacune d'elles.

1° Le sterno-cléido-mastoïdien forme deux muscles distincts.

Albinus avait déjà émis l'opinion que le sterno-mastoïdien et le cléido-mastoïdien forment deux muscles séparés (1). Plus récemment Meckel a reproduit cette manière de voir (2). Ces auteurs se fondent, avec rai-

---

(1) Albinus, *Annotationes anatomicæ*, Leydi, 1768.
(2) Meckel, *Manuel d'Anatomie*, t. 2, p. 134.

son, sur ce que les deux chefs du muscle sont plus distincts l'un de l'autre dans toute leur étendue que ne le sont certains muscles dont on fait des organes séparés. A cette considération, on peut en ajouter de plus puissantes, tirées de ce qui s'observe chez les animaux. La plupart des mammifères présentent les portions sterno-mastoïdienne et cleïdo-mastoïdienne complètement séparées. Je me suis assuré directement que, chez le chien, le lièvre et le mouton, cette disposition est manifeste. Chez le chien les deux portions sont non-seulement séparées dans toute leur étendue, mais leurs insertions supérieures ont lieu à une hauteur différente : la portion sternale s'attache dans l'étendue de cinq à six lignes à un rebord saillant, qui domine l'apophyse mastoïde, et la portion externe s'attache à quelques lignes plus bas par un faisceau distinct et n'a aucune connexion, dans toute son étendue, avec le chef interne ou antérieur. L'insertion inférieure de cette dernière portion chez les animaux sans clavicule, comme chez les solipèdes et les ruminans, vient se perdre dans la portion claviculaire du trapèze et du deltoïde. Chez ceux, au contraire, qui ont une clavicule parfaite, le cleïdo-mastoïdien se rend exactement à cet os, et il ne s'unit jamais, comme dans l'homme, au sterno-mastoïdien. En un mot, la portion sternale, ou le sterno-mastoïdien, a une existence constante et spéciale chez tous les mammifères, et la portion claviculaire, ou le cleïdo-mastoïdien n'existe pas toujours : et, quand elle existe, elle est constamment séparée de la précédente, et souvent confondue avec d'autres muscles chez les animaux sans clavicules. Ajoutons que, chez l'homme, les deux portions peuvent non-seulement être isolées jusqu'à leurs insertions supérieures, et sont même, dans un certain nombre de cas, tout-à-fait séparées, ainsi que l'avaient remarqué plusieurs anatomistes ; mais la direction de leurs fibres est fort différente ; elles se croisent un peu après leur origine, de manière que le sterno-mastoïdien recouvre et coupe dans son trajet le cleïdo-mastoïdien.

2° LE STERNO-MASTOÏDIEN ET LE CLEÏDO-MASTOÏDIEN ONT DES FONCTIONS DISTINCTES.

Comme je l'ai dit plus haut, il suffit d'examiner ce qui se passe pendant les fortes inspirations chez les sujets atteints de torticolis ancien par raccourcissement du sterno-mastoïdien (chef sternal). On voit manifestement le cleïdo-mastoïdien se gonfler, se raccourcir, à mesure que la poitrine s'élève, tandis que le sterno-mastoïdien reste immobile. On rend cette opposition plus manifeste encore en comprimant l'abdomen de manière à empêcher le refoulement du diaphragme. Chez les sujets atteints de déviations latérales de l'épine, considérables, j'ai montré que la respiration s'exécute principalement par une ascension du thorax en totalité : je me suis assuré que le cleïdo-mastoïdien concourt puissamment à cette ascension, tandis que le sterno-mastoïdien reste inactif ou n'y contribue que d'une manière peu sensible. La même remarque peut être répétée chez les sujets sans difformité, surtout lorsqu'on a soin d'atténuer l'action du diaphragme par la compression de l'abdomen. Je le répète, ce résultat est visible à l'œil et sensible au toucher : le muscle se gonfle et se raccourcit. L'action inspiratrice du cleïdo-mastoïdien séparément du sterno- mastoïdien, et à un degré beaucoup plus prononcé que ce dernier, est donc un fait directement établi par l'observation et l'expérimentation sur l'homme. Il l'est encore par la physiologie comparée et par l'appréciation dynamique de la direction des deux muscles.

Chez la plupart des quadrupèdes dont la région cervicale rencontre le reste de la colonne angulairement, et qui sont dépourvus de clavicules, le cleïdo-mastoïdien devient un auxiliaire du trapèze et du deltoïde, et ne concourt à la respiration qu'indirectement et par une action commune à ces deux muscles : aussi, chez ces animaux, l'élévation du thorax en totalité, ou son transport en avant n'a pas lieu; le rapprochement des membres antérieurs et leur fixité au sol s'y opposent complètement. Cependant le sterno-mastoïdien existe très-développé et avec ses insertions accoutumées. Au contraire, chez les mammifères qui ont une clavicule, comme les écureils, non-seulement le cleïdomastoïdien existe avec son attache claviculaire: mais, dans l'action de grimper, si familière à ces animaux, ou lorsqu'ils reposent sur le derrière, ce muscle agit comme chez l'homme, verticalement, et tend à soulever le thorax pendant la respiration. La direction du sterno-mastoïdien ne lui permet que difficilement, aussi bien chez l'homme que chez les animaux, de concourir à ce résultat. Chez l'homme, sa direction est oblique d'avant en arrière et de dedans en dehors : son action inspiratrice est peu efficace ; chez les animaux, la région cervicale forme un angle à sommet antérieur avec la région dorsale : la direction du sterno-mastoïdien, presque perpendiculaire à l'axe longitudinal du thorax, est encore plus défavorable.

Ce fait de la diversité d'action des deux muscles, dont l'un est essentiellement inspirateur, et l'autre plus moteur de la tête que respirateur, ne ressort pas moins manifeste lorsque l'on retourne au sterno-mastoïdien l'observation comparative précédemment appliquée au cleïdo-mastoïdien, c'est-à-dire lorsque l'on cherche dans le cleïdo-mastoïdien les caractères d'une action analogue à celle du sterno-mastoïdien pendant la contraction de ce dernier. Si l'on examine et touche, en effet, le cleïdo-mastoïdien, pendant l'inclinaison latérale et la rotation de la tête produite par le sterno-mastoïdien correspondant, on n'aperçoit et ne sent qu'une très-faible contraction. Cette contraction est, au contraire, très apparente dans le sterno-mastoïdien, qui se gonfle, se durcit et se soulève à mesure que par son concours on incline la tête en tournant la face en haut du côté opposé. On remarquera, d'ailleurs, que les insertions du sterno-mastoïdien sont merveilleusement placées pour produire des mouvemens faciles et étendus de la tête, tandis que le cleïdo-mastoïdien, favorablement disposé pour concourir au soulèvement du thorax, en tirant sur la clavicule, comme sur une anse, devrait faire des efforts de contraction considérables pour incliner directement la tête sur le col. Or, lorsque l'on produit ce dernier mouvement séparément des inspirations fortes, on n'aperçoit que des contractions à peine sensibles dans le cleïdo-mastoïdien.

On remarquera que cette distinction dans la fonctionnalité, des deux muscles, établie d'après la généralité des faits, n'est point absolue ni exclusive ; dans certaines conditions, la propriété respiratoire du sterno-mastoïdien, ordinairement nulle ou prononcée, peut se manifester à un certain degré; dans le rire, par exemple, dans les sanglots, dans la respiration convulsive et spasmodique des malades atteints de dypsnée, le sterno-mastoïdien concourt aux efforts respiratoires, parce que dans ces cas exceptionnels la nature emploie et exagère ses moindres ressources. Toutefois, il ne faudrait pas s'en laisser imposer par les apparences. Lorsque l'on fait faire une forte inspiration aux sujets atteints de rétraction du sterno-mastoïdien, on voit, au moment de l'ascension du thorax, le tendon du muscle rétracté s'agiter sous la peau, comme si le muscle se contractait; mais ce n'est que l'effet du relâchement du muscle: on peut s'assurer de ce fait en appliquant le doigt sur le trajet du sterno-mastoïdien, pendant l'inspiration.

Ces idées devaient naturellement me conduire à rechercher quels sont les nerfs qui se distribuent aux deux muscles, et s'ils reçoivent des rameaux distincts provenant de nerfs différens. Je n'ai rien trouvé dans ces recherches qui fût contraire ou favorable aux idées que l'on professe aujourd'hui sur les propriétés spéciales des nerfs moteurs et respirateurs.

Le cleïdo-mastoïdien reçoit tout à la fois des filets provenant du nerf spinal et des filets des nerfs cervicaux. Il en est de même du sterno-mastoïdien. On remarquera cependant que le tronc principal du nerf spinal, après avoir donné quelques filets aux deux muscles vers leur tiers supérieur, quitte l'intervalle qui les sépare, s'engage entre les deux couches de fibres musculaires formées par le cleïdo-mastoïdien, et continue son trajet entre ces deux couches jusqu'à la partie moyenne du muscle, qu'il quitte pour se diriger vers le bord supérieur de l'omoplate, où il s'engage sous le trapèze. Les filets nerveux qu'il cède lors de son passage à travers les deux muscles se joignent à des filets provenant des nerfs cervicaux et composent un plexus assez considérable qui occupe l'espace compris entre le tiers supérieur et la partie moyenne des deux muscles. Cette disposition qui n'offre rien de remarquable, quant à l'action physiologique, mérite d'être prise en considération par rapport à l'opération dont les muscles sterno et cleïdo-mastoïdiens ont été jusqu'ici le siége.

3° DANS LE TORTICOLIS ANCIEN ATTRIBUÉ AU RACCOURCISSEMENT TOTAL DU STERNO ET DU CLEÏDO-MASTOÏDIENS, LE STERNO-MASTOÏDIEN PEUT ÊTRE SEUL PRIMITIVEMENT AFFECTÉ.

Cette troisième proposition découle naturellement des deux premières, et l'observation directe l'établit plus légitimement encore.

On comprend en effet que si le sterno et le cleïdo-mastoïdiens sont positivement distincts et animés de propriétés différentes, il est très naturel d'admettre que l'un puisse être affecté sans l'autre, et que le contraire soit le fait exceptionnel; car il n'y aurait pas plus de raison pour que le cleïdo-mastoïdien fût toujours malade en même temps que le sterno-mastoïdien, qu'il n'y en aurait pour que le splénius, le complexus, le trapèze ou l'un des scalènes partageassent l'état pathologique du sterno-mastoïdien. Or, cela n'a pas lieu, du moins le plus généralement, ainsi que je le montrerai plus bas, et la coïncidence des deux rétractions simultanées est évidemment l'exception, et la circonscription de l'affection à l'un des deux muscles mastoïdiens au muscle sternal de préférence paraît être la règle : c'est du moins ce qui résulte de l'observation d'un assez grand nombre de cas de torticolis ancien. Voici ce qui se passe ordinairement, et voici le moyen d'apprécier l'affection isolée du sterno-mastoïdien.

J'ai établi, dans mon histoire des difformités, qu'un grand nombre de difformités articulaires congéniales, comme la plupart des pieds-bots, des mains-bots, certaines luxations et subluxations, etc., sont le résultat de deux causes combinées; premièrement, d'une rétraction musculaire convulsive des premiers temps de la vie intra-utérine; secondement, d'un arrêt de développement des muscles atteints de cette rétraction et consécutif à cette rétraction, arrêt de développement qui les empêche de suivre l'accroissement normal du squelette, et les dépouille en partie de leur activité fonctionnelle. Cette doctrine est le résultat de faits observés dans toutes sortes de conditions, depuis certaines anencéphalies présentant toutes les articulations convulsées, retournées, avec tous les muscles correspondans rétractés, jusqu'au simple pied-bot accompagné des traces d'une ancienne affection cérébrale convulsive. Qu'arrive-t-il dans cette catégorie de difformités? C'est que le muscle ou les muscles primitivement rétractés et secondairement arrêtés dans leur développement sont considérablement raccourcis et réduits de volume; ils s'offrent sous l'aspect et avec la consistance de cordes ou de membranes fibreuses peu ou point contractiles : dégénérescence produite, comme je l'ai démontré, par l'état de tension continue où sont placées les fibres musculaires dans certaines difformités. Or, que voit-on le plus souvent dans la difformité du cou qui nous occupe? La portion sternale du sterno-cleïdo-mastoïdien, c'est-à-dire le sterno-mastoïdien, puisque c'est pour nous un muscle distinct, seul atteint d'un raccourcissement considérable, seul contracturé, seul très tendu, seul réduit à l'apparence et à la consistance d'une corde fibreuse, seul dépouillé d'une partie de sa contractilité, seul enfin avec les véritables caractères de la cause efficiente de la difformité. Et qu'observe-t-on au contraire dans le cleïdo-mastoïdien? uniquement ce qu'on observe dans le splenius, le complexus, le trapèze, l'angulaire, le cervical descendant du côté correspondant, c'est-à-dire un retrait passif des fibres musculaires sans apparence de contracture, retrait qui, suivant une autre loi propre au système musculaire, tend à proportionner la longueur des muscles à l'étendue de l'espace compris entre leurs points d'insertion rapprochés par une difformité. Je le répète, ce retrait est tout passif: il ne conduit pas à la transformation fibreuse; mais plutôt à la transformation graisseuse : or, c'est ce qui arrive au cleïdo-mastoïdien dans les torticolis produits par la rétraction du sterno-mastoïdien seul. Au lieu d'être distendu, fibreux, comme ce dernier, il est simplement raccourci passivement, adapté et proportionné au trajet mesuré par la distance entre ses deux points d'insertion. De plus, il jouit de la plénitude de ses fonctions; pendant les fortes inspirations, il se contracte d'une manière complète et manifeste; et enfin lorsqu'on a vaincu la résistance au redressement de la tête, par la section de son congénère le sterno-mastoïdien, il n'oppose plus à ce redressement qu'une résistance passive, partagée par les autres muscles latéraux correspondans du cou et assez facile à vaincre. C'est là un fait établi par l'expérience, et que nous aurons occasion de développer plus bas.

Voilà l'observation de ce qui arrive dans la généralité des cas , à savoir que le sterno-mastoïdien peut être seul atteint et seul activement rétracté dans l'espèce d'inclinaison de la tête dont il s'agit ; c'est du moins ce que j'ai vu le plus souvent dans une vingtaine de cas soumis à mon observation. J'ai fait constater la même particularité par plusieurs médecins, notamment à Bicêtre par M. Leuret et plusieurs internes de cet hospice ; à la Pitié par MM. Lisfranc, Pinel-Grandchamp, Sédillot et un grand nombre d'autres personnes présentes à l'expérience ; enfin dans mon établissement et chez d'autres malades de la ville , par MM. Macgloughlin , Pointe, etc. Je n'exclus pas, il faut bien le comprendre , l'existence d'une rétraction primitive simultanée des deux muscles sterno et cleïdo-mastoïdiens, pas plus que, parce qu'il y a un grand nombre de pieds-bots équins avec rétraction seule des jumeaux, je n'exclus l'existence d'autres rétractions musculaires simultanées, mais plus rares, des autres muscles de la jambe et du pied. Je dis et me borne à dire que les deux muscles mastoïdiens peuvent être isolément affectés, et que dans la majorité des cas la rétraction du sterno-mastoïdien existe seule, à l'exclusion du cleïdo-mastoïdien, aussi bien que des autres muscles latéraux du cou. L'expérience ne m'a montré jusqu'ici qu'un petit nombre d'exemples de rétraction primitive des deux muscles, et alors ils offraient tous les deux à un égal degré ou à des degrés différens les caractères de la rétraction et de l'arrêt de développemens primitifs : raccourcissement, saillie, tension sous la peau en forme de Λ renversé, réduction de volume, et apparence d'état fibreux.

4° LA SECTION DU STERNO-MASTOÏDIEN SEUL PEUT SUFFIRE POUR FAIRE DISPARAITRE LA CAUSE ESSENTIELLE DE LA DIFFORMITÉ.

Cette proposition est à la fois la confirmation des précédentes, et elle est confirmée par elle. S'il est vrai, en effet, que la section du sterno-mastoïdien seul suffise à faire disparaître, dans le plus grand nombre des cas, la cause primitive et principale de la difformité , réciproquement il est présumable que cette portion du muscle est seule primitivement affectée, qu'elle a une existence et des fonctions spéciales, et n'a que des rapports de contiguité avec le cleïdo-mastoïdien : or il est très réel que la section seule de la portion sternale du sterno-cleïdo-mastoïdien ou du sterno-mastoïdien proprement dit, suffit souvent pour détruire la cause efficiente de la difformité et conduit au redressement complet de la tête. L'expérience a été faite deux fois en présence de médecins français et étrangers, parmi lesquels je citerai MM. Lisfranc, Sédillot, Pinel-Grandchamp, Kuhn, Simon, Macgloughlin, Thompson d'Edimbourg, Bruni de Florence, etc., et notamment une fois à l'hôpital de la Pitié, en présence des nombreux élèves qu'attire chaque jour la clinique du chirurgien en chef de cet hôpital. L'expérience a prouvé qu'immédiatement après la section du sterno-mastoïdien proprement dit, le malade sent sa tête se redresser spontanément, et recouvre en grande partie la faculté de la tourner en tous sens, sans autre difficulté que celle résultant du retrait passif des autres muscles cervicaux. Cette difficulté, qui met momentanément des bornes au redressement complet, ne peut être invoquée contre mon opinion sur la délimitation de l'affection principale et primitive à un seul des deux muscles mastoïdiens ; j'opposerais immédiatement ce qui se passe dans le traitement du pied-bot équin par la section du tendon d'Achille. Cette difformité est bien primitivement due à la rétraction ou à la brièveté de ce tendon, ou du muscle qui l'engendre ; et cependant la section du tendon seul ne suffit pas toujours au redressement immédiat du pied, parce que, en effet, les autres muscles, par suite de leur retrait passif, opposent une plus ou moins grande résistance à ce redressement ; mais il suffit d'employer pendant quelque temps des moyens mécaniques appropriés pour obtenir un résultat complet. Voilà ce qui se passe aussi dans le traitement du torticolis par raccourcissement du sterno-mastoïdien : la section du muscle enlève immédiatement la cause primitive de l'inclinaison et de la torsion de la tête ; mais il est indispensable d'opposer aux résistances secondaires résultant du retrait passif des muscles, des moyens capables

19

de faire disparaître ces résistances ; quelques moyens mécaniques fort simples, que je décrirai plus bas, remplissent cette seconde indication.

Les conclusions qu'on peut tirer de ce qui précède sont donc les quatre propositions énoncées au commencement de ce mémoire, propositions qui établissent la duplicité anatomique, physiologique et pathologique du sterno-cleïdo-mestoïdien, la rétraction primitive le plus généralement bornée au faisceau sternal de ce muscle dans le torticolis ancien, et conduisent à une nouvelle méthode de traitement de cette difformité, à savoir : la section du sterno-mastoïdien seul, et l'emploi de moyens mécaniques consécutifs pour combattre les effets secondaires de la difformité.

§ II. Description de la méthode.

La méthode dont il s'agit comprend des procédés chirurgicaux et des procédés mécaniques distribués en deux temps pour répondre aux deux indications principales du traitement.

1° Procédés chirurgicaux.

Je fais la section du sterno-mastoïdien à six ou huit lignes au-dessus de son insertion sternale : je fais cette section sous la peau au moyen d'une seule ponction et suivant deux procédés différens.

Premier procédé. Le malade étant couché sur un lit dont le tiers supérieur se relève en pente, un aide lui tient la tête et tend à l'incliner en sens inverse de l'inclinaison pathologique, et à exagérer la rotation existante. Ces deux mouvemens sont indispensables : le premier a pour objet de tendre le muscle à diviser, et de favoriser ainsi l'action de l'instrument tranchant. L'exagération de la rotation pathologique est plus importante encore : elle a pour effet de faire saillir en avant le muscle sterno-mastoïdien, de le détacher des parties sous-jacentes, en transportant son insertion mastoïdienne dans un plan plus antérieur. Le soulèvement du muscle est quelquefois tel dans cette condition qu'il est complètement séparé de plusieurs lignes des parties profondes, et qu'on peut l'embrasser en totalité entre le pouce et l'index, de manière à ce que la peau seule soit interposée entre les deux doigts qui la pressent.

Une fois le muscle soulevé et tendu, je fais à la peau, six à huit lignes au-dessus de l'insertion sternale du muscle, un pli parallèle à la direction de ce dernier, pli dont la base répond au point de la peau qui, dans le relâchement, longe le bord externe du muscle. Je plonge à la base de ce pli un bistouri mince, large de deux lignes et légèrement concave sur le tranchant. Dans le premier temps de l'opération, la lame de l'instrument est introduite à plat, le tranchant tourné du côté de la tête; lorsqu'elle a été enfoncée de six à huit lignes, c'est-à-dire de manière à dépasser le bord interne du muscle, sans traverser la peau du côté opposé; je relève, dans un second temps, la lame du bistouri, et j'applique son tranchant sur le muscle. Dans un troisième temps, j'abandonne le pli de la peau et coupe le tendon. La peau relâchée et revenue sur elle-même s'applique contre l'instrument, le presse et le suit pour reprendre ses premiers rapports; elle l'empêche ainsi de faire une ouverture plus grande que celle qui a servi à son introduction. Le faisceau musculaire est presque spontanément divisé. Il ne faut pas craindre d'appuyer avec quelque force, afin d'éviter une division incomplète de ses fibres. La section complète du muscle s'annonce d'ailleurs par un bruit semblable à celui qu'on entend dans la section du tendon d'Achille, et par le redressement de la tête.

Deuxième procédé. L'application de mon second procédé exige une modification dans la forme de l'instrument, qui, au lieu d'être concave sur le tranchant, doit être légèrement convexe. J'introduis le bistouri sous le tendon du muscle, toujours au moyen d'une simple ponction, et après avoir fait préalablement un pli à la peau, je coupe le muscle d'arrière en avant jusqu'à ce que je n'éprouve plus de résistance, ayant soin, comme dans le cas précédent, de ne pas percer la peau du côté opposé à la piqûre d'introduction.

J'ai eu recours à ces deux procédés; mais je donne la préférence au premier, parce que, avec le second, on n'est pas sûr d'embrasser tout le muscle, et qu'une sonde cannelée qu'on emploierait pour parer à cet inconvénient se fraierait difficilement passage à travers le tissu cellulaire sous-jacent.

Je ferai remarquer qu'en ayant soin de soulever le muscle par le transport de son insertion mastoïdienne dans un plan plus antérieur, et en prenant la précaution de diriger la pointe de l'instrument vers la ligne médiane du cou, on ne court aucun risque de blesser les vaisseaux. La veine jugulaire externe est à près de trois pouces en dehors du siège de l'opération; l'artère carotide primitive et la veine jugulaire interne correspondent à la base de la lame de l'instrument, et sont protégées d'ailleurs par les muscles sterno-hyoïdien et sterno-thyroïdien qui les recouvrent en ce point, et empêchent, d'ailleurs, la pointe de l'instrument, en cas de mouvement brusque de la part du malade ou de l'opérateur, de piquer la trachée artère. Les seuls vaisseaux qui pourraient être rencontrés, si on opérait sans précaution, sont la veine jugulaire antérieure et la veine thyroïdienne inférieure. La première n'existe qu'accidentellement, et il est toujours aisé de l'éviter, puisqu'elle est sous-cutanée; la seconde, protégée par la couche des muscles sous-jacens, est aussi à peu près hors de l'atteinte de l'instrument : la lésion de cette veine serait d'ailleurs sans importance.

Quoique je n'aie pas opéré jusqu'ici de rétraction simultanée des deux muscles sterno et cleïdo-mastoïdiens, j'ai dû prévoir le cas où cette double rétraction aurait lieu, puisque j'en ai rencontré des exemples, et faire choix d'un procédé propre à diviser le cleïdo-mastoïdien sous la peau, comme je le fais pour le sterno-mastoïdien : voici, le cas échéant, comment il me paraîtrait convenable de se conduire (1).

On ferait d'abord la section du sterno-mastoïdien, afin d'obtenir une certaine quantité de redressement de la tête, et de produire, par suite,

---

(1) Depuis que mon mémoire a paru dans la Gazette Médicale, j'ai eu occasion d'opérer plusieurs cas nouveaux présentant la réunion de la rétraction simultanée des deux muscles. J'ai employé pour la section du cleïdo-mastoïdien très rigoureusement le procédé spécial que j'avais décrit. MM. Devergie, Barthélemy, Mérat et Warren de Boston et autres médecins étaient présens aux opérations. Je me propose d'en faire connaître les résultats avec quelques observations nouvelles sur le même sujet dans un prochain mémoire.

une tension plus grande du cleïdo-mastoïdien rétracté; on inclinerait et l'on ferait tourner la tête du malade du côté opposé au côté rétracté. Le cleïdo-mastodien étant soulevé et mis en saillie, comme pour la section du sterno-mastoïdien, on ferait un pli à la peau parallèle à la direction du muscle; on introduirait à la base de ce pli, entre la peau et le muscle, à huit lignes au-dessus de son insertion claviculaire, et perpendiculairement à la direction de ses fibres, un bistouri concave sur le tranchant; et on inciserait comme je le fais pour le sterno-mastoïdien. Contrairement à ce que je prescris dans ce dernier cas, il faudrait diriger la pointe de l'instrument de dedans en dehors et d'avant en arrière, l'opérateur étant placé du côté sain du sujet. Avec cette précaution, on ne courrait aucun risque de blesser les gros vaisseaux : le trajet de la carotide primitive et de la jugulaire interne répondrait en effet à la base de la lame de l'instrument, et l'artère carotide primitive, protégée par la veine jugulaire interne placée au-devant d'elle, serait complètement à l'abri. La veine jugulaire externe et la portion horizontale de la jugulaire antérieure, dans son trajet pour se rendre à la veine sous-clavière, pourraient être seules atteintes par la pointe de l'instrument: mais avec la précaution de ne faire la section que huit lignes au-dessus de la clavicule, on éviterait la jugulaire antérieure, et en introduisant, comme je l'ai dit, le tranchant du bistouri perpendiculairement à la direction des fibres musculaires, et non à plat, comme dans le premier cas, il serait facile de laisser la jugulaire entre le dos de l'instrument qui est légèrement recourbé et la peau, et par conséquent d'éviter toute effusion considérable de sang. On pourrait encore faire la section du cleïdo-mastoïdien d'arrière en avant, sur une sonde cannelée qu'on aurait glissée sous le muscle; mais, outre que l'introduction de la sonde ne se fait pas sans obstacle, on n'est jamais sûr d'embrasser la totalité du muscle, et, par conséquent, d'opérer sa section entière. Je préfère donc le premier procédé. S'il arrivait que le cleïdo-mastoïdien fût plus rétracté que le sterno-mastoïdien, on commencerait la section par le premier de ces deux muscles.

Les soins à donner au malade après l'opération sont des plus simples :

un morceau de diachylon gommé de la grandeur d'une pièce de vingt sous est appliqué sur l'ouverture de la peau : une compresse légère et deux ou trois tours de bande complètent le pansement. Le malade n'a ordinairement aucun accident inflammatoire ni symptômes fébriles ; cependant, le jour de l'opération, je ne lui accorde que peu d'alimens. Le troisième jour, la plaie extérieure est ordinairement cicatrisée ; je commence alors la seconde partie du traitement.

2° PROCÉDÉS MÉCANIQUES.

Une fois l'obstacle primitif détruit, le muscle ou les muscles divisés, il faut vaincre la rétraction passive des autres muscles du même côté, et de ceux du côté opposé qui maintiennent à un degré plus ou moins prononcé *l'inclinaison de la tête sur la colonne, quelque reste de rotation* de cette dernière, *l'inclinaison de la région cervicale sur la première vertèbre dorsale*, et, finalement, *le raccourcissement de tous les muscles longitudinaux du cou* des deux côtés. N'ayant pas encore publié les observations qui me sont propres sur l'histoire du torticolis ancien, je suis obligé, pour l'intelligence de ce qui précède, d'entrer dans quelques détails sur quelques particularités anatomiques, non indiquées, de cette difformité.

J'ai établi (1) qu'indépendamment des mouvemens de flexion de totalité qu'elle effectue au moyen des fibro-cartilages et de ses articulations communes, la colonne vertébrale présente à la réunion de la dernière lombaire avec le sacrum, à la réunion de la onzième dorsale avec la douzième, et à la réunion de la septième cervicale avec la première dorsale, des dispositions articulaires spéciales en vertu desquelles elle exécute des mouvemens d'inclinaison latérale de *localité* ; en sorte que le rachis s'incline en totalité sur le sacrum, la région dorsale sur la région lombaire, et la région cervicale sur la région dorsale, comme la tête

---

(1) Dans mon histoire inédite des difformités du système osseux. (Voir le rapport de l'Académie des sciences du 21 août 1857.)

s'incline sur la région cervicale (1). Cette faculté qu'a la région cervicale de s'incliner en totalité sur la première vertèbre dorsale sert d'une manière remarquable dans la formation du torticolis. Pour balancer le déplacement considérable qui résulterait de l'inclinaison du même côté, et de la tête, et de la région cervicale, la colonne cervicale s'incline en sens inverse sur la première vertèbre dorsale, de manière à former en ce point avec l'horizon un angle de retour très aigu du côté sain, et très obtus du côté rétracté. Il en résulte que la tête, quoique inclinée sur la région cervicale, est ramenée dans la verticale, afin de ne pas troubler l'équilibre du tronc. Cette disposition est générale, on l'observe sur tous les sujets atteints de torticolis ancien, et j'ai eu occasion de la faire remarquer à plusieurs reprises avant et après l'opération de la section du sterno-mastoïdien. Elle persiste donc, après cette opération, et devient la source d'une indication importante à remplir. Voilà pour l'inclinaison.

La *rotation* de la tête, et même l'*inclinaison de la tête sur la colonne* n'ont pu disparaître en totalité par la section du sterno-mastoïdien, ou des sterno et cleido-mastoïdiens réunis, bien qu'ils fussent les agens essentiels et primitifs de ces dispositions. On remarquera, en effet, que la tête et le cou ayant été maintenus pendant de longues années dans une position anormale, tous les muscles du cou, aussi bien ceux du côté sain que ceux du côté affecté, ont subi consécutivement des changemens de rapports et de dimensions, ainsi que je l'ai établi ailleurs, relatifs au rapprochement ou à l'écartement permanent de leurs points d'insertion. Ces changemens expliquent la permanence d'un certain degré de rotation et d'inclinaison de la tête après la section du muscle; ils expliquent encore un phénomène qu'on n'avait pas noté, savoir le raccourcissement des muscles longitudinaux des deux côtés du cou, par suite duquel tous les individus traités par les méthodes chirurgicales seulement conservent

______

(1) L'indication générale de ces faits a été donné dans le rapport de l'Académie des sciences : ils seront publiés prochainement avec tous les détails et tous les développemens qu'ils comportent.

une apparence de brièveté du cou résultant d'une légère flexion en avant et de l'inclinaison latérale de la colonne cervicale sur la région dorsale, flexion et inclinaison que le raccourcissement des muscles qui vont de la tête aux épaules, ou de la région cervicale aux épaules ou à la région dorsale, empêchent de faire disparaître.

Les développemens dans lesquels je viens d'entrer montrent donc évidemment qu'un traitement mécanique consécutif est aussi indispensable que le traitement chirurgical. Cependant aucun auteur ne s'en était occupé jusqu'ici d'une manière méthodique, par la raison que les indications à remplir n'étaient pas connues ou n'avaient été aperçues que dans leur généralité. Je dirai plus, c'est que la plupart des chirurgiens qui ont rapporté des observations de section du muscle sterno-cleïdo-mastoïdien se contentent d'affirmer qu'aussitôt après la section des muscles la tête s'est redressée, et ils se sont contentés de ce résultat. Une connaissance plus approfondie des caractères anatomiques de la difformité, et principalement la détermination du phénomène de l'inclinaison de la colonne cervicale sur la colonne dorsale qui est souvent restée droite dans le reste de son trajet, ont dû nous rendre plus difficile, et nous ont conduit à établir les élémens du traitement mécanique consécutif, en nombre et en importance proportionnés aux élémens restans de la difformité.

Le moyen principal que j'ai imaginé dans ce but est un lit orthopédique à extension parallèle dont j'ai rendu le casque mobile dans des plans différens, de manière à exécuter tour à tour ou simultanément l'extension parallèle ou oblique de la tête et de la région cervicale, l'inclinaison latérale de la tête à droite ou à gauche et sa rotation dans tous les sens. Une tige deux fois coudée à angles droits alternes unit le casque au plateau supérieur. La branche horizontale du premier coude, longue de trois pouces, s'articule en tête de compas avec la partie moyenne et extrême de la base du plateau supérieur et détermine les mouvemens d'inclinaison latérale du casque sur un axe vertical. A quatre pouces de hauteur, c'est-à-dire un peu plus que l'épaisseur du plateau supérieur, la branche verticale du premier coude se replie et forme le second coude à angle droit et se continue horizontalement de niveau avec la face supérieure du plateau jusqu'à la base du casque. Au milieu de son trajet, cette branche horizontale du second coude est interrompue par une noix qui permet au casque d'effectuer des mouvemens de rotation dans tous les sens : tels sont les élémens mécaniques fort simples du système d'inclinaison et de rotation du casque de mon appareil. Le système d'extension parallèle ou longitudinale est le même que dans les lits orthopédiques brisés que j'ai fait construire d'après les appareils de Shaw, à l'exception que le point d'intersection supérieur, au lieu de correspondre au niveau de la région dorsale moyenne, correspond à l'union de la région cervicale avec la région dorsale. Toutefois dans le cas où une déviation latérale de l'épine coïnciderait, comme cela arrive quelquefois, avec le torticolis, la ligne de séparation des plateaux pourrait être maintenue au niveau de la courbure principale et même on pourrait conserver les deux divisions que j'ai fait établir au lit de Shaw, modifié par M. Pravaz.

Le sujet étant couché sur ce lit, il y est maintenu fixé : 1° par une ceinture qui embrasse les hanches et se rend à l'extrémité du plateau inférieur ; 2° par un corsage élastique qui enveloppe la moitié supérieure du thorax et les épaules, et adhère au plateau supérieur au moyen de courroies bouclées de chaque côté ; 3° par un collier rembourré, bouclé au pourtour de la demi-circonférence du casque prenant appui sur les mâchoires inférieures et se fermant au niveau du menton. On peut encore ajouter deux épaulettes en cuir qui ont pour but d'empêcher un des côtés du tronc de monter ou de descendre sous l'influence des mouvemens d'inclinaison de la tête. Une fois le corps ainsi appliqué sur l'appareil, on fait incliner le casque du côté opposé à l'inclinaison pathologique, on le tourne en sens inverse de la rotation de la tête, et celle-ci, ne faisant qu'un avec le casque, est entraînée dans toutes les directions qu'on imprime à ce dernier.

Des vis de pression rendent l'inclinaison et la rotation produites, permanentes. S'il est besoin d'ajouter à ces efforts le secours de l'extension longitudinale ou parallèle, qui est oblique d'après l'inclinaison de la tête, on éloigne d'une certaine quantité le casque du plateau supérieur dans le sens longitudinal, et par la combinaison de ces moyens, l'extension se porte sur tous les muscles du cou, sur le sterno et le cleïdo-mastoïdiens rétractés, et enfin sur tous les muscles du cou des deux côtés, de manière à ce que leur allongement permette à la colonne cervicale de se redresser sur la colonne dorsale. C'est ainsi, comme on le voit, que tous les élémens de la difformité consécutive sont tour à tour ou simultanément combattus. Le dernier à disparaître est ordinairement l'inclinaison de la colonne cervicale sur la colonne dorsale ; dans ce cas, l'extension parallèle simple appliquée directement sur la région cervicale finit par déterminer un allongement suffisant de tous les muscles, et par suite la disparition de l'angle d'inclinaison.

La durée de ce traitement mécanique est variable ; elle est subordonnée à l'ancienneté et au degré de la difformité ; quelques jours suffisent pour rétablir la normalité en apparence ; mais plusieurs semaines et même plusieurs mois sont souvent nécessaires pour obtenir un résultat complet.

Dans les instans où l'opéré ne reste pas sur son appareil, on peut y suppléer momentanément, mais d'une manière imparfaite, au moyen d'un petit bandage en ruban de fil, analogue à celui déjà conseillé en pareil cas par Winslow. Cet appareil consiste en bandes cousues qui entourent le front, se croisent sur le sommet de la tête d'avant en arrière et d'une oreille à l'autre, et donnent naissance au niveau de l'apophyse mastoïde à un long chef libre destiné à parcourir le trajet du sterno-mastoïdien sain et à exagérer son action. Ce chef dirigé au-devant du sternum va se fixer à un point résistant ou plus bas à une ceinture, en tirant fortement la tête dans la direction même du sterno-mastoïdien du côté sain. Ce bandage combat l'inclinaison et la rotation de la tête ; mais il n'exerce aucune action sur l'inclinaison opposée de la colonne cervicale et tend même à l'augmenter.

J'ai encore employé dans le même but et avec autant de succès une cravate en carton ou en cuir bouilli, large du côté des muscles divisés, et étroite du côté sain.

§ III. Comparaison de la méthode nouvelle avec les méthodes antérieures.

Est-il besoin d'entrer dans beaucoup de détails pour montrer les avantages de la méthode que j'ai adoptée sur les méthodes employées jusqu'à ce jour? Ces avantages peuvent être examinés sous le rapport du traitement primitif et sous le rapport du traitement consécutif, c'est-à-dire sous le point de vue chirurgical et sous le point de vue mécanique.

Les procédés chirurgicaux employés jusqu'à ce jour pour la section des deux muscles réunis, considérés comme un seul muscle, peuvent être rapportés à deux principaux.

Dans le premier on fait une incision transversale à la peau, au niveau des insertions inférieures des deux muscles ou de leur partie moyenne, et dans une étendue un peu plus grande que celle de l'espace qu'ils occupent en largeur. On divise ensuite les fibres musculaires, couche par couche, dans la crainte de léser les vaisseaux et les autres parties sous-jacentes. Ce procédé est le plus généralement mis en usage. MM. Brodie, Warren, m'ont dit l'avoir employé : c'est celui auquel M. Amussat, et plus récemment MM. Roux et Magendie, ont eu recours.

Dans le second procédé, on fait une incision longitudinale à la peau, suivant la direction des deux muscles réunis et au niveau de leur partie moyenne. On les soulève à l'aide d'une sonde cannelée, on les attire au-dehors à travers l'ouverture de la peau, et on les divise en travers sur la sonde. Ce procédé a été mis en usage par M. Roux, il y a un an environ, mais non sans offrir de grandes difficultés.

Ces deux procédés diffèrent considérablement, comme on le voit, dans leur principe et leur mode d'exécution, de ceux que j'ai adoptés ; ils diffèrent bien plus encore quant à la promptitude, à la facilité et à la sécurité de l'opération.

Dans le procédé par section transversale et successive de la peau et des muscles, l'opération est longue, fatigante, douloureuse, et ne permet pas de juger d'une manière certaine si la section des différentes couches de fibres musculaires est effectuée ou près de s'effectuer. Cela est si vrai que dans la relation de son opération, M. Amussat dit explicitement qu'il n'a coupé que les trois quarts ou les cinq sixièmes des fibres musculaires, et dans l'opération récemment pratiquée par M. Magendie, la manœuvre a été très longue, et, malgré une large incision à la peau, le tiers seulement du corps charnu des deux muscles paraît avoir été divisé. Ce n'est pas tout; suivant ce procédé, on s'expose à rencontrer et à couper des filets nerveux importans, même le tronc du nerf spinal, surtout si, comme l'a fait M. Magendie, on pratique la section vers la partie moyenne des deux muscles. Cet inconvénient est assez grave pour être pris en considération ; car il est arrivé à M. Bouvier de vouloir couper, toujours par le premier procédé, les deux muscles près de leurs insértions mastoïdiennes, chez une jeune fille de 20 ans ; le commencement de l'opération a causé une douleur si vive, que la malade n'a pas consenti à la laisser terminer, et s'est résignée à garder sa difformité, quoique M. Roux eût été appelé pour compléter l'opération. On sait, en effet, que vers le tiers supérieur des deux muscles se ramifient et se distribuent un grand nombre de filets nerveux, provenant du spinal et des nerfs cervicaux, formant en ce point le plexus que nous avons indiqué. Les mêmes inconvéniens se retrouvent, ou à peu près, dans le second procédé, celui de l'incision longitudinale de la peau et de la section transversale du muscle soulevé sur la sonde cannelée : la lésion et la section des mêmes nerfs se représentent; de plus, les obstacles au soulèvement du muscle par la sonde cannelée, et à sa sortie, par l'ouverture de la peau, sont assez grands pour avoir exigé toute l'habileté et la dextérité de M. Roux, dans le seul cas qu'il ait opéré jusqu'ici par ce procédé.

Les résultats immédiats de l'opération par les deux procédés dont il vient d'être question sont relatifs à la durée et à la difficulté de la manœuvre, à la douleur qu'elle provoque et à l'étendue de la plaie qu'elle nécessite. Une inflammation locale assez vive, qui se propage à la gorge et aux autres parties environnantes, ainsi qu'on l'a vu dans un des cas opérés par M. Roux, des menaces de phlegmon, de la fièvre pendant plusieurs jours, sont le cortége habituel de ces opérations. Ajoutons qu'une cicatrice d'un aspect fâcheux, assez longue à obtenir, et s'opposant, par conséquent, à l'emploi immédiat des appareils mécaniques, fait adhérer les muscles à la peau et ne permet plus tard qu'une extension très faible, quand la rétraction de la cicatrice ne diminue pas elle-même les bénéfices immédiats de l'opération. Quant à ses résultats définitifs, ils ne sont et ne peuvent être plus avantageux. Un redressement toujours incomplet de la tête, la persistance d'un certain degré de rotation et presque toute l'inclinaison de la colonne cervicale, sur la première vertèbre dorsale, voilà ce qu'il était permis d'obtenir par des procédés qui empêchent l'application immédiate des moyens mécaniques, qui entraînent la formation de cicatrices plus ou moins dures et étendues, et l'adhérence de la peau avec les parties sous-jacentes (1).

L'imperfection de ces résultats a pu et a dû être en grande partie méconnue, parce qu'on n'avait pas jusqu'ici fixé son attention sur le fait spécial de l'inclinaison cervico-dorsale, opposée à l'inclinaison de la tête. Or, cet élément, par sa persistance après l'opération chirurgicale, permet à l'axe longitudinal de la face de se replacer dans la verticale, bien que la tête reste inclinée sur la première vertèbre cervicale. Cette

---

(1) Vers la fin du mois de février, c'est-à-dire près de trois mois après l'opération que je fis le 2 décembre 1837, et en présence de MM. Lisfranc, Macgloughlin, Bruni (de Florence), Thompson (d'Edimbourg), Kuhn et autres médecins, et près de deux mois après celle que je fis publiquement à l'hôpital de la Pitié, dans l'amphithéâtre de M. Lisfranc, M. le docteur Ruef (de Strasbourg), chargé de l'analyse des journaux allemands pour la GAZETTE MÉDICALE, m'a fait part d'un premier cas de section sous-cutanée des muscles sterno et cleïdo-mastoïdiens, pratiquée par M. Stromeyer (de Hanovre). Mais dans ce cas il s'agissait d'une affection spasmodique intermittente des muscles sterno et cleïdo-mastoïdiens et du trapèze. M. Stromeyer a d'ailleurs fait successivement la section des trois muscles, a pratiqué deux ouvertures opposées à la peau, et par la nature même de l'affection, il n'a pas été obligé de recourir à un traitement mécanique actif.

Depuis la première publication de ce mémoire, quelques autres faits analogues ont été remis en lumière (voir les notes placées à la fin du mémoire).

combinaison de mouvemens donne à la tête l'apparence d'un redressement complet; mais, en y regardant de plus près, on s'aperçoit que le redressement n'est qu'apparent , et qu'en faisant disparaître l'inclinaison de la colonne cervicale , le degré persistant de l'inclinaison de la tête du côté opposé se montrerait dans toute son étendue.

Ce qui précède prouve tout à la fois combien un traitement mécanique consécutif à l'opération chirurgicale était indispensable, et cependant combien peu la science possédait de ressources pour satisfaire à cette indication. Il est inutile d'insister pour montrer que les causes de cette lacune tenaient autant au défaut de notions précises sur la constitution anatomique de la difformité, qu'à l'emploi de procédés chirurgicaux qui s'opposaient à l'application des machines dans les premiers temps de l'opération, alors qu'elles eussent pu produire quelques résultats. Ce que je dis en général a pu être vérifié en particulier dans les opérations pratiquées par MM. Roux et Magendie, avec l'assistance de M. Bouvier. En sa qualité d'orthopédiste, ce médecin aurait dû, mieux que personne, indiquer quelques moyens propres à compléter le traitement chirurgical. Or, dans l'opération exécutée avec son assistance par M. Roux, à l'Hôtel-Dieu, le 25 novembre 1836, il fit construire une machine dont il n'existait pas de modèle dans la science, mais qui fit tant souffrir le malade qu'elle ne put être supportée (1). Le

---

(1) J'extrais les détails suivans sur l'appareil imaginé par M. Bouvier, et les circonstances où il a été mis en usage, de l'observation que je dois à l'obligeance d'un des internes de l'Hôtel-Dieu : « Après le pansement, on coucha le malade sur une machine composée : 1° d'un plan horizontal; 2° de deux lames de tôle verticales, rembourrées et disposées de manière à empêcher l'épaule droite de s'abaisser et à la gauche de s'élever; 3° de brides matelassées, embrassant le menton et le front ; 4° de courroies, les unes tirant la tête à droite et les autres la faisant tourner à gauche, se fixant toutes sur le plan horizontal en bois matelassé. Cette machine fit beaucoup souffrir le malade; le soir, il avait beaucoup de fièvre, le pouls plein et fréquent. Le 26, angine très intense, impossibilité presque complète d'avaler. Chaque fois que le malade avale sa salive, la douleur est si vive qu'il survient des contractions

souvenir de ce mécompte empêcha probablement M. Bouvier de renouveler toute tentative, car chez le malade opéré en dernier lieu par M. Magendie, aucun traitement mécanique consécutif n'a été employé; aussi le sujet a-t-il conservé la plus grande partie de sa difformité, c'est-à-dire un certain degré d'inclinaison et de rotation de la tête, et une inclinaison considérable en sens inverse de la colonne cervicale sur la première vertèbre dorsale. En présence de ces résultats, il est inutile d'insister pour montrer l'importance des indications nouvelles que je crois avoir précisées, et des moyens que j'ai imaginés pour les remplir.

Il me reste à donner les observations détaillées des cas où j'ai appliqué la méthode de traitement exposée dans ce mémoire. Cette application, je l'ai faite deux fois avec le plus grand succès; la première, dans mon établissement, le 2 décembre 1837, en présence de MM. Lisfranc, Macgloughlin, Bruni de Florence, Thompson d'Edimbourg et Kuhn; la seconde, à l'hôpital de la Pitié, le 16 janvier dernier, à la clinique de M. Lisfranc, en présence de ce célèbre chirurgien, et de MM. les docteurs Pinel-Grandchamp, Sédillot, Piorry, Simon et des élèves qui suivent habituellement la clinique de cet hôpital.

Voici ces deux observations :

TORTICOLIS DE NAISSANCE TRÈS CONSIDÉRABLE, PAR SUITE DE RÉTRACTION ET D'ARRÊT DE DÉVELOPPEMENT BORNÉ AU STERNO-MASTOÏDIEN GAUCHE, CHEZ UN JEUNE HOMME DE 19 ANS; INTÉGRITÉ DES FONCTIONS DU CLEÏDO-MASTOÏDIEN; FORTE INCLINAISON DE LA RÉGION CERVICALE A DROITE; ATROPHIE, TIRAILLEMENT ET ABAISSEMENT REMARQUABLES DE TOUTE LA MOITIÉ GAUCHE DE LA FACE : INÉGALITÉ DU CRANE; DÉVIATION CONSÉCUTIVE TRÈS PRONONCÉE DE L'ÉPINE DORSALE A GAUCHE; DEUX COURBURES DORSO-LOMBAIRES : DIFFORMITÉ PARTICULIÈRE DE LA POITRINE. (Observation recueillie à l'institut orthopédique de la Muette.)

OBS. I. — M. P. B., âgé de 19 ans, entré dans mon établissement le 8 septembre 1837, est né à Alata, près Ajaccio (Corse). Il a toujours habité un

---

brusques dans les divers muscles et surtout dans ceux des membres inférieurs (saignée de 4 palettes) ; on supprime l'appareil extenseur. » Il serait injuste de mettre tous ces accidens sur le compte de l'appareil de M. Bouvier.

château vaste et bien situé. Personne de sa famille ne présente de difformité ni de maladie nerveuse ou tuberculeuse. Il est d'une bonne constitution, tempérament sanguin et bilieux, cheveux brun-roux, yeux bruns, peau blanche, avec beaucoup d'éphélides, secrétant en abondance une matière sébacée brunâtre, très fétide.

Depuis la naissance jusqu'à l'âge d'un an il a été maladif, pleurant jour et nuit, mais il ne peut dire quelle était sa maladie. Il ne sait si sa première dentition a été accompagnée d'accidens graves. Il a été vacciné seulement vers l'âge de 5 à 6 ans, et a eu la rougeole à 9 ans.

Histoire de la difformité — Il présente :

1° Un torticolis ancien très prononcé, par suite de rétraction du muscle sterno-mastoïdien gauche, avec forte inclinaison et rotation de la tête;

2° Inclinaison très prononcée, à droite, de la région cervicale sur la région dorsale ;

3° Atrophie , tiraillement et abaissement de toute la moitié gauche de la face ;

4° Déviation latérale de l'épine à gauche, dorsale moyenne, deux courbures, sensibles à la direction des apophyses épineuses ;

5° Difformité de la poitrine, consistant dans une dépression et un déplacement du sternum et une projection considérable des épaules en avant.

On ne s'est aperçu de la difformité du cou que vers l'âge d'un an. Depuis cette époque elle a toujours augmenté. Par suite de la rétraction du sterno-mastoïdien gauche, la tête a éprouvé un mouvement d'inclinaison à gauche et de rotation à droite. L'axe vertical de la tête est oblique de haut en bas et de gauche à droite, rencontrant l'axe de la colonne sous un angle de 145°. Le plan antérieur de la face, au lieu d'être parallèle à celui du tronc, est tourné à droite, faisant avec ce dernier un angle d'environ 56° ouvert à gauche. L'angle gauche de la mâchoire inférieure correspond au milieu de la fourchette du sternum, et la symphise du menton au 1/3 interne de la clavicule droite. En même temps, le cou est fléchi au point que le menton n'est distant de la clavicule que de 1 centimètre 5 millimètres. La rétraction active est évidemment bornée au sterno-mastoïdien (chef sternal du sterno-cleïdo-mastoïdien). Il est tendu, raccourci, très dur, saillant sous les tégumens, tandis que le cleïdo-mastoïdien reste aplati, dépressible, quelle que soit la tension qu'on imprime au sterno-mastoïdien.

La tension du sterno-mastoïdien et l'inclinaison consécutive de la tête ont opéré d'importantes modifications dans la disposition et la symétrie des différentes parties de la face;

1° Toutes les parties correspondantes à droite et à gauche sont situées sur des lignes horizontales différentes. Les parties du côté gauche sont plus basses que celles du côté droit, en sorte que, si la tête était redressée, toute la moitié gauche de la face conserverait une direction très oblique de haut en bas et de dedans en dehors. Par suite de cette disposition générale, une ligne partant de la bosse nasale et suivant toute la longueur du nez jusqu'à la symphise du menton, décrirait une courbe dont la convexité regarderait à droite.

2o L'œil gauche est allongé, oblique de haut en bas et de dedans en dehors; la paupière inférieure est sensiblement plus rapprochée de l'aile du nez que celle du côté opposé. Les axes transversaux des deux yeux ne sont pas sur la même ligne, mais irrégulièrement superposés (1). Le bout du nez est fortement attiré en bas et à gauche. La lèvre inférieure suit la même direction. En un mot, toute la moitié gauche de la face est moins développée que la droite, et visiblement attirée dans le sens du muscle sterno-mastoïdien.

Le crâne est inégal; la moitié droite prédomine sur la moitié gauche. Le 1/2 périmètre horizontal droit est de 18 centimètres, 5 millimètres; le gauche de 17 centimètres 5 millimètres.

La colonne cervicale offre une très forte inclinaison à droite, au niveau de l'articulation de la dernière cervicale avec la première dorsale. L'angle d'inclinaison des vertèbres cervicales sur la région dorsale est d'environ 135o. A la hauteur de la troisième vertèbre du cou, la colonne cervicale se recourbe à gauche, de manière qu'elle présente vers son quart supérieur une légère convexité à droite. Cette courbure, limitée à la région cervicale, est accompagnée d'un léger mouvement de torsion, qui rend le côté droit de la nuque très saillant, tandis que le côté gauche est déprimé en proportion. La tête est manifestement plus inclinée à gauche que ne le comporterait la direction de l'extrémité supérieure de la colonne cervicale, en sorte que les condyles occipitaux sont sensiblement inclinés à gauche sur l'atlas, et l'axe vertical de la tête forme avec l'extrémité prolongée de la colonne cervicale un angle d'environ 110o.

L'épaule gauche est plus élevée que la droite. La différence de hauteur entre les deux scapalum est de 5 centimètres; le dos présente en outre les caractères dépendant de la déviation latérale de l'épine.

La poitrine a subi une déformation toute particulière. Les épaules sont portées en avant et se trouvent dans un plan plus antérieur que celui du sternum. Celui-ci est très déprimé dans sa moitié inférieure. Les sept premières côtes sont saillantes de chaque côté. Leurs cartilages forment d'assez fortes courbures convexes en avant, courbures dont le sommet correspond à leur partie moyenne, tandis que leur extrémité sternale se tourne en arrière pour gagner le sternum, lequel occupe le fond d'une gouttière assez profonde. Les fausses cotes sont déprimées : il en résulte un léger rétrécissement circulaire de la base du thorax. La saillie des cartilages des vraies côtes, circon-

____

(1) Cette remarque appartient à M. Savart.

scrite en dedans par la dépression du sternum et en bas par le rétrécissement circulaire du thorax, soulève assez fortement les grands pectoraux et la peau des environs des mamelons, et donne à la poitrine de ce sujet l'apparence d'une gorge de femme.

La respiration s'exécute facilement et complètement. Toutes les côtes se soulèvent pendant l'inspiration, et tous les muscles inspirateurs se contractent dans les fortes inspirations. Ce sujet offre une preuve frappante de la duplicité de fonctions des muscles sterno et cleïdo-mastoïdiens. A gauche comme à droite on voit le premier de ces deux muscles rester dans l'inaction pendant les for- tes inspirations, tandis que les contractions du cleïdo-mastoïdien surtout à gauche sont on ne peut plus évidentes.

Les mouvemens de la tête sont bornés dans plusieurs points : la rotation à gauche est tout-à-fait impossible, et les mouvemens de flexion et d'extension de la tête ne peuvent avoir lieu que suivant une diagonale qui passerait par la branche gauche de la fourchette du sternum et ressortirait par l'épaule droite. L'inclinaison de la tête à droite est impossible. A gauche, elle a lieu obliquement d'avant en arrière et de droite à gauche. A part ces dif- ficultés dans les mouvemens généraux de la tête et du cou, toutes les vertèbres cervicales paraissent avoir conservé en grande partie leur mobilité. Pendant la station debout le tronc s'incline à droite pour compenser l'incli- naison de la tête.

TRAITEMENT. — Extension appliquée pendant deux mois. Elongation de 5 centimètres dans le muscle rétracté; mais dès lors état stationnaire. Le mus- cle sterno-mastoïdien est tellement dur et tendu qu'il ne laisse aucun espoir d'un allongement nouveau par cette méthode. Je me décide donc à faire la section du sterno-mastoïdien, à huit lignes environ au-dessus de la fourchette du sternum.

L'opération fut pratiquée le 2 décembre 1857, en présence de MM. Lisfranc, Macgloughlin, Bruni de Florence, Thompson d'Edimbourg, Kuhn, etc. Le ma- lade est couché sur un lit bas, relevé en pente dans son tiers supérieur ; la tête est attirée à droite et portée dans la rotation exagérée du même côté, de manière à faire saillir le plus possible le muscle sous la peau. Par ce mouvement, on l'isole si bien de toutes les parties sous-jacentes qu'on peut le cerner avec le pouce et l'index. Je me plaçai au côté gauche du malade; je fis un pli à la peau parallèle au muscle. A la base de ce pli, j'introduisis à plat un bistouri pointu, étroit et légèrement concave sur le tranchant. Cette forme me permet de ne faire à la peau qu'une simple piqûre fort étroite, de glisser mon instrument avec facilité entre la peau et le muscle, de contour- ner celui-ci et de le couper sans effort. La division du muscle se manifesta par un craquement que tous les assistans entendirent, et par un léger redres- sement de la tête. Un phénomène assez fréquent dans ces sortes d'opérations, et propre au procédé que j'emploie, a été l'introduction bruyante d'une certaine quantité d'air dans la plaie. Le malade excessivement pusillanime s'écria qu'il était *mort*, mais il n'est point tombé en syncope, et je ne crois pas que la moindre quantité de ce gaz se soit introduite dans les veines. L'introduction de l'air s'explique d'ailleurs facilement par le vide formé entre les deux bouts du muscle séparés brusquement, vide que la peau ne pouvait remplir à cause de la tension où elle était maintenue. Le bruit qui accompagna cette introduction s'explique aussi par le défaut de parallélisme de la plaie de la peau et de celle du muscle et par l'étroitesse de la première.

La petite plaie de la peau n'a fourni qu'une goutte de sang. Elle a été réunie par un peu de diachylon gommé.

Aucun autre accident ne se manifesta à la suite de l'opération. Quelques heures après, en voulant redresser la tête, je sentis encore une légère résistance, et je m'assurai par le toucher que la gaine du muscle n'avait pas été suffisamment divisée : 'j'introduisis de nouveau l'instrument par la même ouverture, je divisai les parties restantes et je refermai la petite plaie. Le malade resta couché jusqu'au surlendemain sans aucune tentative d'extension. Le lendemain de l'opération aucun accident ne s'était manifesté, si ce n'est un léger gonflement autour de la plaie. L'espace entre les deux bouts du muscle est rempli par une matière qui paraît semi-fluide au toucher. La plaie de la peau est fermée. Légère douleur lorsqu'on imprime des mouvemens à la tête.

Troisième jour. On couche le sujet sur l'appareil qu'il occupait avant l'opération.

Quatrième jour. L'extension est portée un peu plus loin. Le malade n'éprouve presque aucune douleur.

Sixième jour. On sent déjà une légère résistance dans le chef musculaire qui a été divisé. Aucun accident.

Huitième jour. La résistance devient plus forte, et l'on sent au niveau de la plaie une nodosité formée par la matière provenant des parties divisées. Le malade se lève pour prendre ses repas.

Dixième jour. Le redressement de la tête peut être porté au-delà de la ligne droite. Le malade se lève deux heures par jour. La tête est maintenue au moyen d'un petit appareil en ruban de fil que j'ai décrit dans mon mémoire et qui a pour but d'augmenter l'action du sterno-mastoïdien du côté sain.

Onzième jour. La tête paraît entièrement redressée, mais il existe encore une inclinaison assez considérable de la région cervicale sur la région dorsale qui compense le dernier degré d'inclinaison de la tête et qui la fait croire entièrement redressée au premier abord.

On continue le traitement mécanique comme je l'ai décrit dans ce mémoire. L'extension progressive de tous les muscles s'opère sans trop de résistance, et la colonne cervicale se redresse. Après deux mois de ce traitement, tous les élémens du torticolis avaient disparu. Les mouvemens du cou étaient faciles dans tous les sens, et il ne restait d'autre trace de la difformité que la déformation avec atrophie de la moitié gauche de la face. L'espèce de cal formé entre les deux bouts du tendon divisé a été presque entièrement résorbé.

La déviation de l'épine paraît ancienne; elle offrira sans doute de grands obstacles au redressement. Un traitement actif et long-temps continué en pourra triompher.

Cette observation est assez explicite sous tous les rapports pour que je me dispense d'en faire ressortir les points importans. Je me borne à rappeler que ce cas offre un exemple de torticolis porté au plus haut degré, et cependant la rétraction musculaire était bornée au sterno-mastoïdien (chef sternal) ; de plus le mouvement respiratoire était manifeste dans le cleïdo-mastoïdien et nul dans le sterno-mastoïdien. La section sous-cutanée, à l'aide d'une simple ponction du seul sterno-mastoïdien, a suffi pour obtenir la plus grande partie du redressement de la tête ; le traitement mécanique a complété ce redressement et a triomphé de l'inclinaison inverse de la région cervicale.

TORTICOLIS DATANT DE 20 ANS, SUITE DE CONVULSIONS, CHEZ UN HOMME DE 22 ANS; RÉTRACTION DU STERNO-MASTOÏDIEN DROIT, LE CLEÏDO-MASTOÏDIEN RESTANT DANS LE RELACHEMENT; INCLINAISON ALTERNATIVE DE LA TÊTE SUR LA COLONNE A DROITE, ET DE LA COLONNE CERVICALE A GAUCHE SUR LA COLONNE DORSALE; MOUVEMENS DE FLEXION ET D'EXTENSION DE LA TÊTE SUIVANT UNE DIAGONALE; POINT DE DÉVIATION DE LA COLONNE; ATROPHIE DE LA MOITIÉ DROITE DE LA FACE; SECTION DU MUSCLE RÉTRACTÉ; TRAITEMENT MÉCANIQUE CONSÉCUTIF; GUÉRISON. (Observation recueillie à la Pitié, janvier 1838.)

Obs. II. — M. Bray (Louis), âgé de 22 ans, ancien étudiant en droit, aujourd'hui commis négociant, d'une forte constitution, tempérament sanguin, est né à Paris, de parens aisés. Il n'y a point de difformité dans sa famille, si ce n'est un de ses oncles qui est devenu bossu, dit il, à la suite d'une chute. Il a eu, vers l'âge de dix-huit mois, lorsqu'il était en nourrice, des convulsions, à la suite desquelles on s'est aperçu que sa tête s'inclinait à droite. On ne fit d'abord aucune attention à cette difformité; mais, au bout de quelques années, à mesure que l'enfant grandissait, la tête s'inclina de plus en plus. On lui recommandait sans cesse de la porter en sens opposé. Les efforts qu'il fit n'amenèrent point le redressement de la tête, mais parurent déterminer une élévation de l'épaule droite et un abaissement de l'épaule gauche. La différence de hauteur entre les deux scapulum peut être évaluée aujourd'hui à environ 2 pouces.

Voici l'état dans lequel il se trouve à son entrée en traitement;

La tête a subi un mouvement d'inclinaison latérale à droite et de rotation de droite à gauche autour de son axe vertical. L'axe de la tête fait avec celui du corps un angle de 135° : en même temps la face est tournée à gauche, de manière que son plan antérieur coupe celui du tronc sous un angle de 45°. Une ligne verticale abaissée de la commissure labiale du côté droit tomberait juste dans la ligne médiane du tronc. La distance entre l'angle de la mâchoire et la clavicule du côté malade, quand le muscle rétracté est porté dans sa plus grande extension, est de 7 centim., 2 p. 6 lig.; à gauche, de 9 centim. 5 mm., 3 p. 6 lig.

Le sterno-mastoïdien droit est rétracté à un point considérable, et d'une consistance qui paraît fibreuse. Il est habituellement tendu, saillant sous la peau, dur comme du bois, même dans la situation habituelle de la tête ; il est absolument inextensible, du moins instantanément. Ce n'est qu'en portant l'inclinaison de la tête à droite à un point extrême qu'on parvient à le relâcher ; lorsque, au contraire, on essaie de redresser la tête, la tension du muscle devient excessive. Si l'on veut redresser simultanément la tête et exagérer la rotation à gauche, on fait saillir considérablement la portion rétractée, et la peau est fortement soulevée. Dans cette position, le muscle s'isole complètement des parties voisines, et ne se trouve plus en rapport qu'avec la peau. On peut le cerner de toutes parts avec les doigts : c'est la situation indiquée pour l'opération.

Le cleïdo-mastoïdien (portion claviculaire) est dans le relâchement et ne laisse apercevoir aucune saillie sous la peau ; le sterno et le cleïdo-mastoïdiens du côté opposé ont conservé leurs formes et dimensions normales.

Voici leurs mesures comparatives à droite et à gauche :

Longueur du sterno-mastoïdien droit......... 8 cent. (3 p.)
    Id.   id.   gauche........ 17 cent. 5 mm. (6 p. 6 l.).

La colonne vertébrale ne présente de déviation que dans la région cervicale. Partout ailleurs l'épine paraît droite. Mais au niveau de la septième cervicale, la colonne s'incline brusquement à gauche, de manière à présenter en ce point un angle ouvert à gauche d'environ 145°. Les trois premières vertèbres cervicales reviennent de nouveau un peu à droite, et présentent une très légère convexité à gauche; mais le principal mouvement d'inclinaison de la tête à droite se passe dans l'articulation occipito-atloïdienne.

Toutes les parties de la face à droite présentent un arrêt de développement. Toutes sont un peu moins longues et un peu moins larges que leurs correspondantes du côté gauche. Ainsi, l'œil droit est moins fendu; la moitié droite du nez moins longue ; la joue droite également un peu moins longue. La hau-

teur verticale de la face à gauche excède celle de la moitié droite d'un demi-
pouce. En même temps, la moitié droite de la face, indépendamment de l'inclinaison de la tête, est sensiblement abaissée. Une ligne qui passerait par le
milieu des deux yeux, en supposant la tête redressée, serait oblique de haut
en bas et de gauche à droite; de plus, les axes transversaux des yeux sont sur
deux lignes superposées presque parallèles. La ligne de la bouche est également oblique. Le nez présente une légère courbure, qui a sa convexité à gauche, le bout du nez étant tourné à droite. Mais ces différences sont beaucoup
moins marquées chez ce sujet que dans d'autres cas analogues que j'ai eu occasion d'observer.

Hors les mouvemens de la tête et du cou, tous les autres sont parfaitement
libres et réguliers. Les mouvemens de flexion et d'extension de la tête sur la
colonne sont assez faciles dans une certaine étendue; mais ils ne peuvent s'opérer que suivant une diagonale. Il en résulte que dans la flexion extrême, le
menton, au lieu de tomber sur la fourchette du sternum, arrive sur le
quart interne de la clavicule gauche qu'il touche, non point par toute sa
face inférieure, mais seulement par son bord droit. Cette dernière circonstance
tient à l'inclinaison permanente de la tête, et la première (la déviation du menton à gauche) au mouvement de rotation de la tête sur son axe. Le contraire
s'observe dans l'extension de la tête; mais celle-ci est très limitée à cause du
raccourcissement du sterno-mastoïdien : elle ne peut pas même être portée jusqu'au redressement complet. Néanmoins, la mobilité des vertèbres entre elles
ne paraît pas sensiblement diminuée, et l'absence de courbure notable dans la
continuité de la région cervicale ne permet pas de supposer une déformation
sensible de ces dernières. En examinant attentivement ce qui se passe dans les
muscles du cou pendant les fortes inspirations, on voit manifestement le sterno-mastoïdien (chef sternal) rester inactif, tandis que le cleïdo-mastoïdien est le
siège de contractions très prononcées. Ce dernier reste au contraire inactif dans
les simples mouvemens de la tête. Ce fait est on ne peut plus évident sur ce
sujet : un grand nombre de personnes ont pu s'en assurer à la visite de
M. Lisfranc.

Toute tentative d'allongement par les moyens mécaniques m'ayant paru
inutile, je me suis décidé à faire la section sous-cutanée du sterno-mastoïdien
seul. L'opération fut pratiquée le 16 janvier 1838, à l'amphithéàtre de la Pitié, en présence de MM. Lisfranc, Piorry, Sédillot, Pinel-Grandchamp, et d'un
grand nombre d'élèves. Elle ne dura que quelques secondes, à l'aide d'une simple ponction de la peau, et d'après le premier des deux procédés décrits dans
mon mémoire.

La division du muscle s'annonça par un craquement qu'on entendit de toutes les parties de la salle, et à l'instant la tête put être redressée et tournée
en sens divers dans une assez grande étendue. Le malade n'a pas éprouvé la
moindre douleur; quelques gouttes de sang s'écoulèrent par la petite plaie : on

les étancha et on réunit par première intention, au moyen d'un emplâtre de diachylon gommé.

Le lendemain de l'opération, il ne s'était manifesté aucun accident : pas même un léger mouvement fébrile, point de rougeur, ni douleur, ni tuméfaction.

Le *troisième jour*, la piqûre est cicatrisée. On commence l'application de l'appareil décrit dans mon mémoire.

Les *quatrième et cinquième jours*, rien de nouveau. On gradue l'action de l'appareil.

Sixième jour. Un peu de rougeur érythémateuse se manifeste autour de la cicatrice. Elle paraît avoir été occasionnée par le diachylon qu'on avait oublié d'enlever. La suppression de cet irritant et une friction avec l'axonge font disparaître cette légère inflammation.

Au bout de quatre semaines le redressement était complet.

Aujourd'hui le malade peut exécuter tous les mouvemens de la tête et dans tous les sens, avec la plus grande facilité. L'inclinaison de la colonne cervicale sur la région dorsale a entièrement disparu, et il ne reste de la difformité que le défaut de symétrie entre les deux moitiés de la face ; les deux muscles sterno-mastoïdiens ont exactement la même longueur.

Cette seconde observation est presque la répétition de la précédente : isolement de l'affection au seul muscle sternal ; action respiratoire évidemment bornée au cleïdo-mastoïdien ; section sous-cutanée du seul muscle primitivement rétracté ; enfin, inclinaison inverse de la colonne cervicale, et finalement guérison complète à l'aide du traitement mécanique consécutif.

Dans les deux cas, le redressement de la tête et du cou a été fort rapide, quoique la difformité datât de dix-huit et vingt ans, et quoiqu'elle fût très considérable. Cette circonstance ne peut s'expliquer, ainsi que je l'ai établi, que par deux conditions utiles à rappeler; à savoir premièrement, qu'il existait très peu de courbure dans la continuité de la colonne cervicale, et par conséquent peu de déformation dans les vertèbres ; secondement, que la difformité consistait principalement dans deux inclinaisons inverses, de la tête sur la colonne, et de la colonne cervicale sur la première vertèbre dorsale, inclinaisons qui ne sont que l'exagération de mouvemens articulaires normaux.

Je n'insiste pas ici sur plusieurs particularités anatomiques, qui ont trait plutôt à la description de la difformité qu'à son traitement : j'aborderai ces points ailleurs avec les développemens qu'ils mé-·ritent.

En résumé, des observations et des expériences rapportées dans ce mémoire, je crois pouvoir tirer les conclusions suivantes :

1° Le muscle sterno-cleïdo-mastoïdien, considéré jusqu'ici comme un seul et même muscle, constitue deux muscles distincts : le sterno-mastoï-dien et le cleïdo-mastoïdien. Ces deux muscles ont des fonctions séparées; le premier est surtout moteur de la tête, l'autre est un muscle essen-tiellement inspirateur.

2° Dans le torticolis ancien, attribué jusqu'ici au raccourcissement total du sterno-cleïdo-mastoïdien, la portion sternale du muscle, ou le sterno-mastoïdien proprement dit est, dans le plus grand nombre des cas, seule primitivement affectée; d'où il résulte que la section de ce muscle suffit généralement pour faire disparaître la cause essentielle de la difformité.

3° La section du sterno-mastoïdien doit être pratiquée à six lignes au-dessus de son insertion sternale et à l'aide d'une simple ponction sous-·cutanée. Cette opération, qui peut être appliquée au cleïdo-mastoïdien, lorsqu'il participe à la rétraction active de son congénère, ne cause au-cune douleur, ne donne lieu à aucune effusion de sang, et peut être pra-tiquée en quelques secondes.

4° Dans le torticolis ancien, il existe, en sens inverse de l'inclinai-son de la tête sur la colonne, une inclinaison de totalité de la colonne cervicale sur la première vertèbre dorsale, qui persiste après le trai-tement chirurgical, et qui réclame un traitement mécanique consé-cutif. Ce traitement consiste dans l'emploi d'un appareil orthopédique propre à opérer l'inclinaison et la rotation de la tête en sens inverse de l'inclinaison et de la rotation pathologiques et l'extension de tous les muscles du cou.

5° La double inclinaison en sens inverse de la tête sur la colonne cer-vicale et de la colonne cervicale sur la région dorsale, caractérisant le torticolis ancien, ne sont que l'exagération de mouvemens articulaires,

normaux. Cette circonstance explique l'absence de déformation notable
des vertèbres comprises dans la difformité, la facilité et la rapidité du
redressement du cou, et établit la possibilité d'obtenir la guérison de
cette difformité, même à un âge avancé.

NOTES ET ÉCLAIRCISSEMENS.

Les documens et articles qui suivent ont paru dans la GAZETTE MÉDICALE quelque temps après la publication de mon mémoire. Je les reproduis dans l'ordre où ils ont été insérés, sans autres commentaires, persuadé qu'ils diront d'eux-mêmes tout ce que je voudrais leur faire dire, et qu'ils exposeront méthodiquement les divers points litigieux que j'ai rappelés dans mon avant-propos.

I. CAS DE TORTICOLIS ANCIEN, TRAITÉS PAR DIFFÉRENS AUTEURS, AU MOYEN DE LA SECTION SOUS-CUTANÉE DES MUSCLES STERNO ET CLEIDO-MASTOIDIENS (1).

Depuis la publication de mon mémoire sur le traitement du torticolis ancien (V. GAZ. MÉD., 7 avril 1838), beaucoup de personnes se sont occupées de savoir ce qui avait pu être fait dans la même direction. Leurs indications et mes recherches particulières m'ont conduit à rassembler sur ce point de thérapeutique chirurgicale tous les documens propres à en faire connaître le développement, et à établir le véritable caractère du complément que je crois y avoir ajouté.

---

(1) GAZETTE MÉDICALE du 28 avril 1838.

Les auteurs dont la pratique paraît avoir offert quelque rapport avec la mienne sont: Dupuytren, MM. Stromeyer, de Hanovre, et Syme d'Edimbourg. Je vais reproduire littéralement l'histoire des cas appartenant à ces auteurs (1).

TORTICOLIS ANCIEN CHEZ UNE FILLE DE DIX ANS; RÉTRACTION DU STERNO-MASTOÏDIEN; SECTION SOUS-CUTANÉE D'ARRIÈRE EN AVANT DES DEUX MUSCLES STERNO ET CLÉIDO-MASTOÏDIENS; AMÉLIORATION CONSIDÉRABLE ; par DUPUYTREN (2).

OBS. I. — Une jeune fille, âgée d'environ dix ans, était atteinte de torticolis depuis près de trois ans, par suite d'une contraction spasmodique continuelle du muscle sterno-mastoïdien droit; elle entra à l'Hôtel-Dieu de Paris dans le mois de janvier 1822. Vers le 16 du même mois M. Dupuytren pratiqua l'opération suivante :

La malade étant assise en face d'une croisée, la tête inclinée à gauche contre la poitrine d'un aide, la pointe d'un bistouri droit et étroit fut plongée à travers la peau, exactement au-devant du côté *interne de l'extrémité sternale* du muscle contracté. On baissa ensuite le manche du bistouri pour faire glisser à plat la lame *sous* le muscle, jusqu'à ce *qu'elle sortît au côté externe de son bord claviculaire.* On tourna alors le tranchant en avant, et l'on coupa en sciant une suffisante quantité de fibres musculaires pour rendre à la tête sa position naturelle.

Par ce moyen, les tégumens ne furent point divisés et on évita en conséquence la difformité d'une cicatrice ; but d'autant plus désirable que le sujet de l'opération était une femme.

On maintint dans l'écartement les fibres divisées, en abaissant la clavicule et en faisant pencher la tête du côté gauche. Pour cela on fixa fortement la main droite sur le pied au moyen d'une bande roulée, en faisant fléchir la jambe à peu près comme pour l'opération de la taille, et l'on passa sur la tête une autre bande roulée qui venait se rendre sous l'aisselle.

La malade fut portée dans son lit. Au bout de treize jours la plaie fut complètement guérie; les mouvemens du cou étaient libres, quoique le visage fût un peu tourné à gauche, à cause de la longue position qu'il avait fallu garder. On réappliqua les bandages jusqu'au 21 février, époque à laquelle

---

(1) Quoique je n'aie eu connaissance de ces observations que long-temps après mes deux opérations, je n'hésite pas à les publier en même temps que les miennes, afin d'éviter à d'autres la peine de faire des rapprochemens que je suis heureux d'effectuer le premier.

(2) Cette observation est extraite textuellement du *Manuel de médecine opératoire* de M. Coster (p. 156).

on les enleva définitivement. Les mouvemens du cou étaient parfaitement libres dans tous les sens, et la tête ne resta *que légèrement penchée du côté gauche.*

Cette observation est précieuse en ce qu'elle consacre un premier et notable perfectionnement dans le mode opératoire : la section sous-cutanée des deux muscles, mais section *simultanée des deux muscles* et à l'aide de *deux ouvertures* à la peau (1). Elle montre, en outre, malgré le silence de l'observateur sur l'existence de l'inclinaison cervico-dorsale, que cette inclinaison devait exister et que le traite-tement consécutif employé n'a pas réussi à la faire disparaître, ainsi que la totalité de l'inclinaison de la tête. Cela devait être, car l'appareil employé, agissant précisément dans le sens de cette inclinaison, ne pouvait la faire disparaître et ramener l'axe de la tête dans l'axe du corps.

TORTICOLIS ANCIEN CHEZ UN GARÇON DE 8 ANS; SECTION SOUS-CUTANÉE ET D'AVANT EN ARRIÈRE DES DEUX MUSCLES STERNO ET CLEÏDO-MASTOÏDIENS ; DEUX OUVERTU-RES AUX TÉGUMENS; GUÉRISON ; par M. STROMEYER.

OBS. II. — J'ai pratiqué cette opération, dit M. Stromeyer, le 20 septembre, sur un garçon de 8 ans, dont le sterno-mastoïdien était contracté depuis trois ans, et avait produit un torticolis très prononcé. Je n'ai pas employé le procédé de

---

(1) Suivant M. Dezeimeris, l'opération faite par Dupuytren aurait été décrite avec quelques différences dans un parallèle entre les chirurgies allemande et française par d'Ammon. L'historien allemand aurait écrit que Dupuytren s'était servi d'un bistouri *boutonné* et qu'il n'aurait fait qu'une ponction à la peau. Or voici ce qu'écrit le même d'Ammon en 1837, toujours d'après l'interprétation de M. Dezeimeris, et toujours en parlant de l'opération de Dupuytren : « A peine croira-t-on que la France n'eût pas un seul chirurgien qui daignât examiner la doctrine de ce savant ; c'est pourtant ce qui eut lieu, car Dupuytren, l'immortel Dupuytren, qui, pour guérir un torti-colis, coupa le faisceau sternal du muscle sterno-cleïdo-mastoïdien, fit cette opération selon la méthode des chirurgiens hollandais, plutôt que de marcher sur les traces de Delpech. » EXPÉRIENCE, 1837, p. 151. — M. Dezeime-ris expliquera sans doute la contradiction que présentent ces deux traductions du même auteur insérées dans son journal. — Quant à nous, nous maintenons l'exactitude de la version de M. Coster, parce qu'elle nous a été confirmée par d'autres témoins oculaires.

Dupuytren, qui passait un bistouri à lame étroite derrière le muscle et en opérait la section d'arrière en avant. Mais, après avoir porté le muscle dans la plus forte tension possible, j'ai fait à la peau qui recouvrait le muscle un pli parallèle à sa direction; à la base de ce pli j'introduisis transversalement un bistouri étroit à tranchant convexe. Un craqnement m'avertit que le muscle était divisé; à l'instant la tête fut redressée. On avait, avant l'opération, fait toutes sortes d'essais pour la redresser, au moyen de l'extension; mais on n'avait obtenu aucun résultat, à cause de la structure presque fibreuse de la portion sternale de ce muscle. Les *deux petites* plaies, longues seulement de trois lignes, étaient cicatrisées le lendemain. Le traitement ultérieur fut dirigé d'après les principes que j'ai déjà mis en pratique après la section du tendon d'Achille. Je laissai d'abord la réunion se faire entre les deux muscles, et le troisième jour j'appliquai un appareil extensif. Cette opération a été couronnée d'un plein succès. La tête se tient droite et l'action du muscle est entièrement conservée (1).

Cette première observation de M. Stromeyer ne diffère de celle de Dupuytren qu'en ce que la section des deux muscles a été faite d'avant en arrière, au moyen d'un bistouri convexe, au lieu d'avoir été faite d'arrière en avant au moyen d'un bistouri droit. Dans les deux cas, la peau a été traversée des deux côtés et les deux muscles coupés simultanément. Même absence de renseignemens sur l'inclinaison cervico-dorsale, par conséquent sur les moyens propres à la faire disparaître. M. Stromeyer a omis, en outre, de préciser le point dans lequel il a fait la section des deux muscles. Or, ce point est fort difficile à établir ; car les deux muscles n'étant point dans le même plan, et n'ayant pas une même direction, on court grand risque, par les procédés employés dans les deux cas qui précèdent, ou de ne pas diviser la totalité des muscles ou de léser les parties sous-jacentes. Sous ce rapport déjà, la section simultanée des deux muscles devrait être proscrite. Dans l'observation suivante, M. Stromeyer a donné le premier exemple de la section isolée et successive des deux muscles.

---

(1) *Ueber Paralyse der Inspirations Muskeln*, von don Dortor L. Strohmeyer. Hannover, 1826, p. 51. Cette observation n'avait jamais été publiée en France.

AFFECTION SPASMODIQUE ET INTERMITTENTE DES STERNO ET CLÉÏDO-MASTOÏDIENS ET DE LA PORTION CLAVICULAIRE DU TRAPÈZE ; INSUCCÈS DES REMÈDES INTERNES ET EXTERNES ; SECTION SOUS-CUTANÉE DES TROIS MUSCLES ; DEUX OUVERTURES AUX TÉGUMENS ; ABSENCE DE TRAITEMENT MÉCANIQUE CONSÉCUTIF ; GUÉRISON ; par M. STROMEYER (1).

OBS. III. — N. N., âgée de 50 et quelques années, bien portante dès sa première jeunesse, a trois frères qui souffrent d'affections abdominales, et une de ses sœurs est atteinte d'hystérie. Dans sa dixième année, elle fut souvent témoin d'accès épileptiques dont un de ses frères fut atteint à la suite d'une blessure de tête ; plus tard, son système nerveux devint plus irritable. Il y a six ans, elle eut une éruption aux mains, qui, après avoir duré trois ans, fut guérie par l'usage des bains d'Eilsen. Depuis sept ou huit ans, ses amis ont observé qu'elle portait la tête penchée d'un côté, ce qu'ils attribuaient à une affectation. Au printemps de 1835, elle eut une frayeur, et dès ce moment son mal empira, malgré tous les soins d'un médecin expérimenté. En avril 1836, elle demanda les conseils de M. Stromeyer, qui la trouva assise dans un fauteuil, la tête soutenue par des coussins. Après un court entretien, elle se souleva ; alors seulement on vit sa difformité dans toute son étendue : sa tête fut portée aussitôt avec force et rapidité vers le côté droit, et tirée sur l'épaule gauche, en sorte que le menton se trouva au-dessus de l'épaule droite, et l'oreille gauche rapprochée du sternum ; en même temps, la moitié gauche de la figure se contracta, et l'œil gauche fut poussé hors de l'orbite, en sorte que toute la figure exprimait une terreur farouche. Après quelques secondes, le spasme cessa ; la tête se redressa, mais cette intermittence fut à peine plus longue que le spasme qui l'avait précédée. Le sterno-cleïdo-mastoïdien était évidémment le siége principal de ce spasme. Le muscle se raccourcissait presque de moitié de sa longueur, formait une forte saillie au cou, et était dur comme du bois. En faisant de simples frictions avec le doigt sur le muscle au commencement d'un accès, celui-ci devenait plus fort, chaque affection morale l'excitait, et ce qui était surtout horrible à voir, c'étaient les mouvemens de la tête quand la malade riait. Le symptôme le plus insupportable pendant l'accès, c'était une douleur extrèmement vive qui commençait derrière l'oreille, et s'étendait sur la partie supérieure de la nuque et sur la partie inférieure de l'os occipital. Au commencement, la malade pouvait abréger les accès en serrant fortement la tête ; plus tard, elle fit des essais avec un ruban qu'elle plaça entre les dents du côté droit, et qu'elle fixa à la ceinture. A la fin, elle fit usage sans soulagement d'une cravate raide. Malgré cet état pénible, qui durait depuis dix-huit mois, toutes les fonctions s'exécutaient régulièrement.

(1) *Gazette Médicale de Berlin*, n. 31, 32 et 33, 1837. Nous devons la connaissance et la traduction de cette observation à M. le docteur Ruef, de Strasbourg.

M. Stromeyer, après avoir passé en revue les différens moyens, tant internes qu'externes, employés avec peu de succès, ou au moins avec un résultat
douteux, se décida à l'opération à laquelle il a été surtout encouragé par la
belle observation de M. Amussat. (GAZ. MÉD., p. 829, 1834.)

Le 26 avril, on fit donc la section de la portion sternale du muscle sterno-
mastoïdien de la manière suivante : la malade étant assise sur une chaise, et
tandis que le muscle était dans sa plus forte contraction, on plaça l'indicateur
gauche en crochet sur la partie du muscle située le plus près du sternum ;
un aide souleva un pli de la peau qui était parallèle avec le muscle, juste
au-dessus du doigt indicateur. On traversa ce pli avec un bistouri étroit,
tranchant sur sa convexité ; la peau fut relâchée, et on coupa le muscle d'avant
en arrière.

L'hémorragie fut très minime ; les deux plaies faites par la piqûre avaient
un peu plus de quatre lignes, largeur égale à celle du bistouri. La résistance
des muscles contractés était forte, quoique le bistouri coupât très bien. Le
succès de l'opération fut remarquable; immédiatement les mouvemens de la
tête devinrent libres et volontaires; la malade paraissait être heureuse et sou-
lagée; on lui recommanda de porter pendant deux jours la tête à gauche pour
favoriser la cicatrisation des deux petites plaies, qui a eu lieu le deuxième
jour. Pendant la nuit et une partie de la journée, on plaça un simple appareil d'extension à la tête en portant la face vers l'épaule gauche, de sorte
qu'elle était complètement en profil dans la position dorsale. La portion claviculaire et les autres muscles du côté gauche du cou n'opposaient pas la
moindre résistance. Pour ralentir la réunion trop rapide des deux bouts du
muscle, on fit faire dans le voisinage des frictions d'onguent mercuriel; plus
tard, d'hydriodate de potasse. Cette amélioration si marquée après l'opération
ne dura pas plus de quinze jours; alors la portion claviculaire fut prise de spas-
mes accompagnés des mêmes symptômes indiqués ci-dessus, seulement à un
plus faible degré.

Le 26 mai, on entreprit la section de la portion claviculaire. On souleva le
muscle avec le doigt comme dans les précédentes opérations; mais cette fois,
on se servit d'un bistouri concave passé sous le muscle, et l'on incisa d'arrière
en avant. Même résultat favorable et même traitement consécutif. La malade, qui se portait très bien, passa quelques semaines à la campagne pour
prendre les eaux de Driburg, et revint au commencement de septembre. Les
mouvemens spasmodiques avaient reparu depuis quelques semaines; mais cette
fois la tête était tirée vers l'épaule gauche, sans que la face se tournât du côté
opposé. Après un examen attentif, on vit qu'ils étaient produits par la portion
du trapèze qui s'attache à la clavicule. Comme ce muscle devenait tous les
jours plus saillant, il fut facile, le 14 septembre, de le soulever avec la main
gauche, et de le diviser sous la peau de dedans en dehors. Depuis ce moment,
la malade fut complètement guérie ; les mouvemens de son cou sont tout-à-

fait volontaires. Elle peut tenir la tête parfaitement droite ; ordinairement elle est un peu penchée vers l'épaule gauche d'une manière insensible aux étrangers. Les mouvemens de la tête sont pourtant plus libres et plus rapides à droite qu'à gauche, ce quit tient plutôt à l'inervation qui est plus forte d'un côté que de l'autre, qu'à toute autre circonstance. Son aspect est calme et doux ; elle fréquente le monde et le spectacle. Le muscle sterno-cleïdo-mastoïdien divisé prend part aux mouvemens du cou sans produire de relief; les petites cicatrices sont très insignifiantes. Malgré la perte douloureuse d'un frère, son état n'a pas empiré.

Dans cette seconde observation de M. Stromeyer, le procédé opératoire est le même que dans les deux précédentes. L'auteur, il est vrai, a été conduit à faire la section successive des trois muscles par le développement et la manifestation graduels de l'affection spasmodique dans les trois muscles. Mais il a fait, comme dans les cas précédens, deux ouvertures à la peau pour chaque section de tendon.

Suivant l'opinion de Ch. Bell, l'opération chirurgicale, dans ce dernier cas, n'eût pas été indiquée. Le succès a légitimé la tentative. Déjà M. Amussat avait obtenu un résultat heureux dans un cas analogue. Ces succès ne doivent pas étonner : ils ne tiennent point, selon nous, à la division des fibres musculaires, mais uniquement à la section des filets nerveux, qui sont le siége de l'affection. S'il était possible d'atteindre ces filets sans couper les muscles, le résultat serait probablement le même : je parle pour les cas de torticolis récent et spasmodique.

Rappelons en outre que l'affection qui s'était bornée en premier lieu au sterno-mastoïdien (portion sternale) ne s'est reproduite que plus tard, et successivement dans le cleïdo-mastoïdien et le trapèze : cette circonstance n'est-elle pas bien propre à confirmer l'opinion que j'ai émise sur la distinction anatomique et physiologique du sterno et du cleïdo-mastoïdiens ? La même circonstance s'est reproduite tout récemment dans un cas observé et traité par M. Fleury, interne des hôpitaux. Dans ce cas, le spasme musculaire était exclusivement borné au sterno-mastoïdien (chef sternal), et la section de ce seul chef a suffi pour redresser la tête.

TORTICOLIS DATANT D'UNE ANNÉE, CHEZ UN ENFANT DE 6 ANS, PRODUIT PAR LA RÉTRACTION DU STERNO-MASTOÏDIEN; SECTION SOUS-CUTANÉE DU MUSCLE, PAR M. SYME, D'ÉDIMBOURG.

Obs. IV. — Matthieu Cullen, âgé de 6 ans, de Dunbar, reçu le 2 novembre 1832. Sa tête était fortement inclinée à gauche, et ne pouvait être redressée, à cause de la contraction prononcée du sterno-mastoïdien du même côté, dont le chef sternal ressemblait à une corde tendue. La maladie existait depuis plus d'un an, et avait résisté aux vésicatoires et aux autres moyens qu'on emploie en pareil cas. L'emploi de l'acupuncture n'ayant été suivi d'aucune amélioration, on jugea nécessaire de pratiquer la section de la partie contractée du muscle. A cet effet, on introduisit la lame d'un bistouri pointu un peu plus près de la trachée que du bord sternal, à environ un pouce au-dessus de la clavicule, et l'on pressa ensuite la lame contre les fibres contractées. On entendit un craquement subit qui donna une commotion au malade, et aussitôt toute contraction disparut. On retira la lame de l'instrument, et la petite plaie (the small puncture) qu'avait produite l'instrument en traversant la peau fut le seul indice de l'opération qui venait d'être faite; il n'y eut ni douleur ni aucun autre accident, et la guérison put être regardée comme complète (1).

Le peu de détails dans lequel est entré l'auteur de cette observation ne permet pas de décider si les deux muscles sterno et cleïdo-mastoïdiens ont été divisés, ou si la portion sternale seulement a été coupée ; car, dans l'observation, il est dit positivement que le torticolis était dû à la contraction prononcée du *muscle* sterno-mastoïdien, et qu'on jugea nécessaire de pratiquer la section de la partie contractée du muscle. De plus, il n'est pas du tout expliqué que l'auteur n'a fait qu'une seule piqûre à la peau : il n'y a aucun détail qui puisse établir ce fait, le mot ponction n'exclut pas les deux ouvertures à la peau ; car, dans l'observation de Dupuytren, M. Coster se sert de ce même mot, et il ajoute explicitement que la pointe du bistouri sortit du côté opposé, et fit ainsi deux ouvertures. L'observation de M. Syme ne prouve donc pas jusqu'ici que mon procédé eût été employé précédemment. Ajoutons que ce chirurgien plongea l'instrument du côté de la trachée et le dirigea de dedans en dehors, tandis que je le dirige de

---

(1) *The Edimburg medical and surgical Journal*, avril 1833.

dehors en dedans ; cette pratique n'est pas indifférente : ainsi que je l'ai dit , en procédant de dedans en dehors , on s'expose à blesser les gros vaisseaux, tandis que de dehors en dedans on n'a aucun risque à courir.

Telles sont les seules observations connues jusqu'ici de torticolis ancien traité avant moi par la section sous-cutanée des sterno et cleïdomastoïdiens. Quelles que soient les analogies qu'on puisse trouver dans ces cas et ceux qui me sont propres, ces analogies ne se rapporteraient qu'au mode opératoire. Toutes se réduiraient à établir, ce qui n'est pas démontré, qu'on aurait donné avant moi le coup de bistouri à peu près de la manière dont je l'ai donné. Mais pour les esprits qui voudront réfléchir au point de départ, à la succession des faits et des vues qui m'ont conduit à ce mode opératoire, on s'apercevra que, d'un côté, c'était une pratique isolée, empirique, sans motifs, sans indications et sans règles ; et, de l'autre, c'est la conclusion logique d'une série d'observations anatomiques, physiologiques et pathologiques. En effet, aucun des chirurgiens qui m'ont précédé n'avait insisté sur les principales circonstances de l'opération ; aucun n'avait aperçu le fait de la circonscription de la rétraction musculaire à l'un ou l'autre des deux muscles, et n'avait tiré la conséquence pratique de la section isolée de l'un ou l'autre de ces muscles. Il en est de même de la double inclinaison en sens inverse de la tête sur la colonne cervicale et de la colonne cervicale sur la région dorsale, avec très-peu de courbure dans la continuité de cette région ; or la connaissance de ces phénomènes était indispensable pour se rendre compte de la rapidité de la guérison, de la curabilité du torticolis ancien à un âge très avancé, et surtout pour arriver à un traitement consécutif méthodique, c'est-à-dire à des guérisons veritablement complètes.

I. LETTRE SUR QUELQUES POINTS RELATIFS A L'HISTOIRE DU TRAITEMENT DU TORTICOLIS ANCIEN PAR LA SECTION SOUS-CUTANÉE DU STERNO-MASTOIDIEN ; ADRESSÉE A L'ACADÉMIE ROYALE DE MÉDECINE ; PAR LE DOCTEUR JULES GUÉRIN (1).

Paris, le 2 avril 1838.

J'ai l'honneur d'adresser à l'Académie l'histoire détaillée de deux cas de torticolis ancien guéris à l'aide d'une nouvelle méthode de traitement.

Le premier des deux sujets a été opéré le 2 décembre 1837 dans mon établissement, en présence de MM. Lisfranc, Macgloughlin, Bruni de Florence, Thompson d'Edimbourg et autres médecins étrangers. Le second a été opéré le 16 janvier dernier, à l'hôpital de la Pitié, en présence de MM. les docteurs Lisfranc, Piorry, Sédillot, Pinel-Grandchamp, Simon, et de tous les élèves qui suivent la clinique de M. Lisfranc. Le traitement consécutif ou mécanique a été appliqué publiquement dans les salles de la Pitié où un grand nombre de médecins français et étrangers ont été admis à en constater les effets.

Permettez-moi, à cette occasion, M. le président, de soumettre quelques réflexions à l'Académie sur deux communications qui lui ont été adressées dans sa dernière séance, relatives aux mêmes sujets, l'une par M. Bouvier, l'autre par M. Fleury, interne des hôpitaux.

Dans sa lettre à l'Académie, M. Bouvier, après avoir rappelé les opérations pratiquées par MM. Roux et Magendie, suivant les procédés connus antérieurement, parle d'un troisième procédé qui consiste à faire la section sous-cutanée de la portion sternale du muscle sterno-cleïdo-mastoïdien, quand cette portion est seule affectée, et il affirme avoir pratiqué cette opération en 1836. La révélation de ce fait resté ignoré jusque-là de tout le monde m'a d'autant plus frappé, qu'elle est en contradiction formelle avec d'autres circonstances bien connues : cette

---

(1) GAZETTE MÉDICALE du 14 avril.

contradiction et la grande analogie qu'il y a entre l'opération annoncée par M. Bouvier et la mienne, feront comprendre à l'Académie de quelle importance il est pour moi de la mettre à même de juger entre les assertions actuelles de M. Bouvier et les faits antérieurs authentiques que je présente à son examen.

Et d'abord il est avéré que M. Bouvier a eu connaissance des deux opérations que j'ai pratiquées le 2 décembre et le 16 janvier : de la première, par M. le docteur Bruni de Florence; de la seconde, par plusieurs assistans et entre autres par M. le docteur Pinel-Grandchamp, qui lui a fait part de mes idées sur la circonscription de la cause essentielle de la difformité au chef sternal du sterno-cleïdo-mastoïdien. De plus, M. Bouvier, cherchant à combattre mes idées et mon mode de traitement, a déclaré à plusieurs reprises que cette méthode était vicieuse, et qu'elle ne produirait aucun résultat. L'opinion de M. Bouvier était tellement connue à cette époque, que M. Lisfranc crut devoir en faire mention dans une de ses leçons cliniques, pour en montrer le peu de fondement. Lorsque mon second malade fut guéri, M. Pinel-Grandchamp, l'un des médecins à qui M. Bouvier avait exposé ses vues critiques, insista beaucoup auprès de lui pour qu'il vînt à la clinique de la Pitié se convaincre, par les résultats de l'expérience, du peu de fondement de ses objections. M. Bouvier ne consentit pas à accompagner M. Pinel-Grandchamp; mais il alla seul s'assurer de la guérison de mon malade. Dès lors son opinion paraît avoir changé, ainsi qu'on l'a vu par sa lettre à l'Académie.

Il est encore avéré que M. Bouvier ne professait pas en 1836, et n'appliquait pas les préceptes qu'il professe aujourd'hui. En effet, M. Roux pratiqua de concert avec M. Bouvier à l'Hôtel-Dieu, le 25 novembre 1836, la section transversale des deux muscles sterno et cleïdo-mastoïdiens avec la peau, sans que M. Bouvier communiquât rien de ses idées futures ou passées à M. Roux, ni à personne. Quelque temps après l'opération du 25 novembre à l'Hôtel-Dieu, MM. Roux et Bouvier furent consultés pour une jeune fille de 20 ans, atteinte de torticolis ancien. M. Bouvier fut chargé d'opérer la malade. Dans l'intention d'épargner une cicatrice trop apparente à cette jeune personne, il essaya de couper les deux muscles.

sterno et cleïdo-mastoidiens avec la peau, *tout près de leurs attaches mastoïdiennes.* Cette opération causa une douleur si vive qu'elle ne put être achevée. M. Roux fut appelé quelques jours après pour la terminer; mais la malade avait conservé tant de frayeur de la tentative de M. Bouvier qu'elle ne consentit pas à se laisser opérer par M. Roux. Postérieurement encore, une jeune fille de Nismes, atteinte de torticolis ancien, fut amenée à ma consultation au mois de juin dernier; on la présenta aussi à MM. Marjolin, Roux et Bouvier. Sur le conseil de MM. Marjolin et Bouvier, l'opération fut confiée à M. Roux. Cette fois un procédé différent fut mis en usage, une incision longitudinale à la peau mit les deux muscles à découvert : ils furent soulevés et attirés au-dehors par une sonde cannelée et coupés en travers. Je me suis assuré tout récemment de l'exactitude de ces détails auprès de M. Roux, qui m'a dit n'avoir pas fait d'autres sections des sterno et cleïdo-mastoïdiens que celles indiquées dans cette lettre, et ne pas connaître d'autres cas opérés par M. Bouvier.

Enfin, M. Magendie a pratiqué il y a quelques mois, de concert avec M. Bouvier, à l'Hôtel-Dieu, la section de la peau et d'une portion du corps des muscles sterno et cleïdo-mastoïdiens pour un cas de torticolis ancien.

Ainsi, voilà depuis le 25 novembre 1836 quatre cas de section des deux muscles sterno et cleïdo-mastoïdiens pour le torticolis ancien, dont aucun n'a été traité d'après les idées et les procédés que j'ai indiqués, et dont un cependant a été opéré par M. Bouvier seul, et les trois autres avec son assistance. Que deviennent en présence de ces faits les assertions de M. Bouvier?

En ce qui concerne la communication de M. Fleury, elle établit que ce jeune chirurgien a fait avec succès, le 11 mars dernier, l'application de mon procédé et de mes idées à un cas de contracture datant de deux mois, du seul chef sternal du sterno-cleïdo-mastoïdien; l'observation et l'opération de M. Fleury, postérieures aux miennes de plusieurs mois, offrent une heureuse confirmation de mes principes et de ma pratique.

Encore un mot et je termine.

Depuis mes deux opérations, on m'a fait part d'un cas de section sous-

cutanée des muscles sterno et cleïdo-mastoïdiens et de la portion claviculaire du trapèze pratiquée antérieurement à Hanovre par M. Stromeyer. Ce fait, qui n'avait pas encore été publié en France, a été porté
à ma connaissance par M. Ruef, de Strasbourg, le 25 février dernier,
c'est-à-dire plusieurs mois après mes deux opérations. J'ajouterai que
le cas dont il s'agit consistait dans une affection spasmodique et intermittente des muscles que M. Stromeyer a coupés, et que d'ailleurs il a fait
deux ouvertures opposées à la peau de trois à quatre lignes chacune : or,
mes opérations ont eu lieu chez des individus atteints de torticolis permanent depuis leur enfance : l'un depuis dix-sept ans; l'autre depuis
vingt-deux ans : et, en outre, je n'ai fait que la section du sterno-mastoïdien seul, et à l'aide d'une simple ponction à la peau.

Agréez, etc.

POST-SCRIPTUM DU 11 AVRIL 1838.

Depuis que cette lettre a été adressée à l'Académie de médecine,
M. Bouvier en a écrit une seconde à l'Académie des sciences, et il a publié dans le journal L'EXPÉRIENCE (1) celle qu'il avait adressée à l'Académie de médecine, avec quelques additions. Je ferai remarquer avant
d'aller plus loin que cette habitude, dès long-temps contractée par
M. Bouvier, de remanier ou de publier avec de nouveaux matériaux et
de nouvelles idées les communications qu'il a adressées aux corps savans,
n'a peut-être pas tous les caractères d'une loyauté scientifique parfaite,
surtout lorsqu'on change une première composition après la publication,
dans l'intervalle, du travail d'un autre auteur sur le même sujet. Cette
réflexion dont M. Bouvier comprendra les applications présentes et passées n'est pas indifférente dans la question : car le public, qui n'a pas l'habitude d'approfondir les discussions de priorité, a intérêt à connaître le
mécanisme à l'aide duquel quelques personnes trouvent moyen aujour-

---

(1) Voir l'EXPÉRIENCE du 10 avril. J'ai adressé une réponse à ce journal.

d'hui de résoudre ces questions à leur profit. J'aborde donc, en faisant mes réserves, les nouvelles prétentions énoncées dans les dernières lettres de M. Bouvier.

Dans sa lettre à l'Académie des sciences, M. Bouvier répète qu'il a opéré le premier la section sous-cutanée du faisceau sternal du sterno-cleïdo-matoïdien pour un cas de torticolis ancien. On aurait pu espérer que parlant à un corps savant qui ne se contente pas d'assertions gratuites, M. Bouvier aurait cité avec quelque précision les circonstances de l'opération qu'il affirme avoir pratiquée le 15 septembre 1836. Au lieu de cela, il renvoie pour les preuves de fait à sa lettre du 26 mars à l'Académie de médecine et à une communication qu'il avait faite à cette Académie au mois d'août 1836. Il me reste donc à examiner le contenu et la valeur de ces deux pièces :

1° *Communication de M. Bouvier à l'Académie, en août* 1836.

Dans cette communication, M. Bouvier a présenté un sterno-cleïdo-mastoïdien, provenant d'une jeune fille âgée de 22 ans, atteinte de torticolis depuis l'enfance. Les réflexions que lui a suggérées cette pièce ont été rédigées et communiquées par lui à la GAZETTE MÉDICALE et à la GAZETTE DES HÔPITAUX (GAZ. MÉD., 20 août 1836). Or quelles conclusions M. Bouvier avait-il tirées de l'examen de sa pièce? Je vais citer textuellement.

« 1° Que la contraction ancienne n'est pas due, comme on serait tenté de le croire, à un surcroît d'énergie et à un état de contraction prédominante dans certains muscles, et qu'elle dépend bien plutôt de l'atrophie et du raccourcissement de ces organes, qui résistent comme des cordes, en vertu de leur simple cohésion ; 2° que, contrairement à l'opinion de Sharp, adoptée par Boyer, dans son *traité des Maladies chiurgircales*, il n'y [a point, dans le torticolis ancien, de déformation des vertèbres qui fasse persister la difformité après la section du sterno-mastoïdien ; 3° que conséquemment on peut tenter avec succès, même chez les adultes, de remédier à cette affection, en rendant au muscle sa longueur naturelle, soit au moyen des appareils mécaniques, soit par la section totale ou partielle de ses fibres, comme l'a *pratiqué dernièrement M. Amussat* sur un malade qui a été mis sous les yeux de l'Académie. » (GAZ. MÉD., 1836, p. 543.)

Rien dans ces conclusions n'indique que M. Bouvier eût découvert, ou dût découvrir plus tard 1° que la cause essentielle du torticolis a le plus généralement limité son action au seul chef sternal du sterno-cleïdo-mastoïdien, sterno-mastoïdien proprement dit ; 2° qu'on dût se borner dans ce cas à faire la section du seul chef sternal pour obtenir le redressement de la tête ; 3° que cette opération dût se faire par une simple ponction à la peau; 4° qu'il existe dans tout torticolis ancien une inclinaison de la région cervicale sur la région dorsale, opposée à l'inclinaison de la tête; 5° que ce fait deviendrait une indication capitale à un traitement consécutif approprié.

En équivoquant sur les mots, M. Bouvier pourrait trouver dans l'expression de la section *totale ou partielle de ses fibres*, l'indication de mon principe de la section isolée du sterno-mastoïdien (chef sternal); mais M. Bouvier a heureusement complété, par le rappel de l'opération de M. Amussat, le sens qu'il attachait aux mots section *partielle* des fibres du muscle. En effet, M. Amussat, dans l'opération qu'il a communiquée à l'Académie, n'avait pas coupé toutes les fibres des deux muscles; il les avait divisées couche par couche d'avant en arrière, sans distinction des deux chefs : il s'agissait donc dans cette opération, que M. Bouvier cite comme exemple à l'appui de son précepte, de la section partielle des fibres considérées dans leurs différens plans antéro-postérieurs, et non du muscle considéré dans ses faisceaux sterno et cleïdo-mastoïdiens.

Tel est le sens de la première publication de M. Bouvier, et tel est le seul titre imprimé qu'il puisse invoquer à l'appui de ses assertions actuelles.

2° *Lettre de M. Bouvier aux Académies et au journal* l'Expérience.

Je ferai remarquer d'abord que tout ce que M. Bouvier revendique depuis sa note imprimée du mois d'août 1836, n'est basé que sur des assertions gratuites, sur l'opération qu'il dit avoir faite en septembre 1836, et dont il n'existe de trace nulle part (1); et, finalement, sur les

---

(1) La lettre imprimée de M. Bouvier contient un renseignement précieux

lettres qu'il a adressées à l'Académie de médecine, le 26 mars dernier, à l'Académie des sciences, le 8 avril, et sur une dernière lettre insérée dans le journal l'Expérience, du 10 avril ; or, toutes ces pièces sont postérieures de plusieurs mois à mon opération et à ma conférence publique de la Pitié (opération et conférence dont il lui a été rendu compte par M. Pinel-Granchamp), et postérieures, du moins les deux dernières, à la publication de mon mémoire, présenté à l'Académie des sciences le 2 avril, et inséré dans le dernier numéro de la Gazette Médicale. Je ne m'occuperai donc pas de combattre sérieusement les prétentions toutes récentes de M. Bouvier : je laisse à la commission nommée par l'Académie des sciences le soin de les apprécier. Seulement, pour éclairer la religion de cette commission, et justifier ce que j'ai dit au commencement de ce post-scriptum, je demanderai à M. Bouvier si la lettre qu'il a fait imprimer dans l'Expérience du 10 avril, comme étant celle adressée à l'Académie de médecine, le 26 mars, ne contient pas l'énoncé d'un fait nouveau qui m'est propre, et qu'il n'avait pas indiqué dans sa lettre manuscrite à l'Académie, savoir : *l'inclinaison inverse de la partie inférieure du cou sur la région dorsale.*

M. Bouvier n'attachera sans doute pas la même importance que moi à cette addition, qu'il considérera, à son point de vue, comme un changement de rédaction ; mais comme ce changement porte sur un fait et non sur l'arrangement des mots, tout le monde ne sera peut-être pas de l'avis de M. Bouvier. On pourra bien y voir la clé des modifications, des transformations et des développemens par lesquels ont passé ses idées pour arriver à se confondre avec les miennes.

Jules Guérin.

---

sur l'opération qu'il dit avoir pratiquée en 1836. Il avoue que cette opération a échoué : on comprendra maintenant pourquoi M. Bouvier n'a cru pouvoir tirer aucun parti de cette fâcheuse tentative ; pourquoi, dans ses opérations postérieures de torticolis, il n'a pas eu envie de la répéter ; pourquoi, enfin, il ne voulait pas croire à la possibilité du succès que j'ai obtenu.

III. RÉCLAMATION DE M. BOUVIER CONTRE LES ARTICLES DE M. JULES GUÉRIN, RELATIFS AU TRAITEMENT DU TORTICOLIS ANCIEN (1).

Nous avions espéré pouvoir épargner à nos lecteurs une nouvelle discussion sur un sujet et sur des questions qui n'offraient plus d'intérêt que pour nous seuls, et nous avions prié M. Bouvier de se contenter des satisfactions qu'il s'était données et fait donner dans d'autres journaux de médecine. Il n'a pas cru apparemment sa justification assez complète et ses prétentions assez bien établies : en cela il a eu parfaitement raison; mais si, après son dernier plaidoyer et les réflexions que nous croyons devoir y joindre, il est moins satisfait qu'avant de commencer, nous le prierons de remarquer que ce n'est pas notre faute, et lui promettrons bien, ainsi qu'à nos lecteurs, de ne pas pousser la discussion plus loin. Voici donc la réclamation de M. Bouvier :

RÉCLAMATION DE M. BOUVIER CONTRE LES ALLÉGATIONS DE M. J. GUÉRIN, CONTENUES DANS LA GAZETTE MÉDICALE DES 7, 14, 28 AVRIL ET 5 MAI.

1° LETTRE DE M. JULES GUÉRIN DU 2 AVRIL. (GAZ. MÉD. du 14 avril.)

Il n'y a point de *contradiction*, comme l'a prétendu M. Jules Guérin, entre ma lettre sur le torticolis ancien, *adressée à l'Académie de médecine huit jours avant son mémoire*, et les faits antérieurs qui me concernent (voir le journal L'EXPÉRIENCE des 10 et 25 avril).

Je n'ai *déclaré*, à qui que ce soit, que la *méthode* que M. Guérin s'attribue fût *vicieuse* pour tous les cas; je n'ai autorisé personne à me faire dire publiquement *qu'elle ne produirait aucun résultat*, car personne ne m'a mis à même d'apprécier les circonstances de la difformité chez les deux malades de M. Guérin.

Je n'ai point *changé d'opinion* après avoir vu son malade de la Pitié. Il est faux que je n'aie point *consenti* à accompagner M. Pinel-Grandchamp dans cet hôpital.

Je professais et j'appliquais, avant les recherches de M. Guérin, *les préceptes que je professe aujourd'hui.*

---

(1) GAZETTE MÉDICALE du 26 mai 1837.

J'ai pratiqué, le 15 septembre 1836, la section sous-cutanée de la portion sternale du sterno-cleïdo-mastoïdien sur une jeune fille de 19 à 20 ans, la demoiselle Leroi, demeurant alors rue Neuve-Saint-Eustache, n. 39. M. Marjolin était au nombre des personnes présentes. Je suivis le procédé qui m'est propre pour la section du tendon d'Achille ; après avoir piqué les tégumens avec une lancette au côté externe du muscle, près de son attache au sternum, je conduisis au-devant de lui un bistouri très étroit, à pointe mousse, avec lequel je le divisai d'avant en arrière. Deux appareils furent ensuite appliqués, l'un pour la station, l'autre pour la position horizontale. La résistance du *cleïdo-mastoïdien* d'Albinus rendit cette opération inutile. Je tentai plus tard la section transversale de l'extrémité supérieure du muscle, proposée par M. Malgaigne ; l'indocilité de la malade, après l'incision des tégumens, me fit renoncer à terminer l'opération.

M. Roux ne pratiqua la section sous-cutanée, ni sur la malade qu'il opéra à l'Hôtel-Dieu, le 28 novembre 1836, ni sur Mlle B., de Nismes, opérée le 2 juillet 1837, parce que les deux faisceaux étant contractés au même degré dans ces deux cas, comme chez la demoiselle Leroi, la section complète parut nécessaire, et qu'elle semblait peu sûre sans l'incision préalable des tégumens.

Dans la quatrième opération, pratiquée le 19 août par M. Magendie, bien que le faisceau sternal fût seul tendu, on préféra encore à la section sous-cutanée l'incision des tégumens, parce que la difformité était extrême et qu'il importait beaucoup d'atteindre aisément toutes les fibres rétractées, même celles de la portion claviculaire, si elle se tendait après la section du faisceau sternal.

Mes assertions actuelles sont parfaitement d'accord avec ces faits.

Chez un cinquième sujet, la fille de M. C., de Dunkerque, que je vis *Cité Bergère*, avec M. le professeur Marjolin, au mois d'août 1837, le *faisceau sternal était seul tendu* ; je proposai la section sous-cutanée, malgré mon premier échec, que me rappelait M. Marjolin, me fondant sur ce que les cas n'étaient pas semblables.

M. Dieffenbach a bien réellement dit avoir pratiqué nombre de fois la *section sous-cutanée du chef sternal du sterno-cleïdo-mastoïdien pour le torticolis ancien.* J'épargne à M. Jules Guérin, qui a *affirmé* le contraire, la citation qui le prouve et qu'il connaît très bien maintenant. Je *prétends* très positivement avoir reçu de M. Dieffenbach la communication dont j'ai parlé dans ma lettre ; je renvoie pour les détails de cette communication à l'Expérience du 20 avril, p. 542.

2° Post-scriptum de M. Guérin (Gaz. Méd. du 14 avril).

Je crains peu les *réserves* de M. Guérin au sujet de mes *habitudes* scientifiques ; je lui rappelle qu'en fait de *loyauté* il est des titres de vieille date qu'un trait de plume ne saurait effacer, et qu'à cet égard je pourrais me prévaloir d'une durée de possession qui lui reste encore à acquérir.

J'ai dit, dans ma lettre à l'Académie des sciences, avoir communiqué à l'Académie de médecine, le 16 août 1836, le fait qui me conduisit à tenter, le 15 septembre, la section isolée du faisceau sterno-mastoïdien. En effet, j'avais observé, sur le cadavre, avec M. Maisonneuve, un redressement presque complet, après la division *du seul faisceau sternal*, et la GAZETTE DES HÔPITAUX, du 18 août 1836, a fait mention de cette circonstance, omise dans la GAZETTE MÉDICALE. Tel est, *sous ce rapport*, le vrai sens de ma première publication.

L'opération et la conférence de M. Guérin à la Pitié sont postérieures aux faits sur lesquels je fonde mes principes ; postérieures aussi à mes conférences de l'Hôtel-Dieu, notamment à celle qui eut pour occasion la présence de M. Dieffenbach dans cet hôpital, le 5 octobre 1837. Ma lettre à l'Académie de médecine est, je l'ai dit, antérieure à la présentation du mémoire de M. Guérin aux corps savans. Mes *prétentions* n'ont donc rien de *récent*, par rapport aux siennes.

Ce que j'ai dit dans ma lettre imprimée, et non dans ma lettre manuscrite, *de l'inclinaison inverse de la partie inférieure du cou*, ne justifie point les accusations et les suppositions de M. Guérin. Ce fait n'est point *nouveau* et ne lui est point *propre* ; car cette *inclinaison* n'est autre chose que la partie supérieure d'une courbure cervico-dorsale, déjà signalée dans le torticolis. Je n'ai pas prétendu me l'approprier ; j'ai pris date après la publication du mémoire de M. Guérin, pour les considérations *nouvelles* que j'avais à présenter sur ce fait dans le travail annoncé dans ma lettre ; voilà tout. J'ai ajouté l'avoir rencontré et noté chez mes malades, et sur ce point j'en appelle au souvenir de MM. Roux et Magendie, qui l'ont vu comme moi.

3° MÉMOIRE DE M. JULES GUÉRIN (GAZ. MED. du 7 avril, p. 215).

On ne peut attribuer à la construction de mon appareil la souffrance qu'il a causée le jour même de l'opération pratiquée à l'Hôtel-Dieu par M. Roux. M. Guérin lui-même n'applique le sien que le troisième jour, et c'est indépendamment de la volonté de M. Roux et de la mienne que le malade a gardé l'appareil les premières vingt-quatre heures.

Le malade opéré par M. Magendie, et chez lequel, suivant M. Guérin, il n'y aurait eu aucun traitement mécanique, a très bien supporté ce même appareil, qu'on remplaçait par une minerve pendant la station ; on peut s'en assurer auprès du malade lui-même. Le muscle n'est pas moins allongé que chez le sujet traité à la Pitié, et toute la différence du résultat, beaucoup meilleur que ne l'a prétendu M. Guérin, est causée par l'exagération qu'offrait la courbure cervico-dorsale.

Le traitement mécanique que j'ai employé sur mademoiselle B..., et dont M. Roux avait dit un mot dans une communication à l'Académie, aurait pu engager M. Guérin à suspendre au moins le reproche qu'il m'adresse, de n'avoir point, *en ma qualité d'orthopédiste, complété le traitement chirurgical.* Mais il lui fallait établir une *lacune,* et prouver qu'il l'avait remplie par les *indications nouvelles;* nous verrons plus tard comment.

4° RÉFLEXIONS DE M. J. GUÉRIN. (V. le feuilleton de la GAZ. MÉD. du 5 mai.)

M. Guérin n'est en droit d'accuser personne d'avoir été *choqué* de ses idées; lui seul s'est *choqué* de ne pas avoir été l'unique auteur de ses *découvertes.*

Il est faux que des *rivaux* aient *d'abord réclamé pour eux, puis pour les autres.* M. Guérin seul a réclamé *pour lui.* Dès l'abord, des *rivaux* dont il veut parler ont rendu justice à qui de droit, suivant les renseignemens qu'ils possédaient. Encore une fois, s'il y a une *guerre* en cette affaire, à M. Guérin revient tout l'honneur de l'avoir provoquée. Il s'est chargé d'expliquer lui-même, en montrant le public *disposé à croire les gens qui parlent contre les gens qui se taisent,* pour quel motif nous avons dû prendre la plume.

La réclamation de M. Bouvier porte sur quatre points principaux, que nous allons examiner successivement.

PREMIER POINT. J'ai dit que M. Bouvier ne *professait* pas et *n'appliquait* pas les idées qu'il a récemment émises dans sa lettre à l'Académie de médecine sur le traitement du torticolis ancien, avant que M. Pinel-Grandchamp lui eût fait part de ces idées, qui sont les miennes, et avant qu'il eût été s'assurer de leur justesse par la guérison de mon malade à l'hôpital de la Pitié. En preuve de cette double assertion, j'ai rapporté les propres paroles de M. Bouvier, qui s'était livré à une critique absolue très-explicite de mes principes et de ma méthode, en présence de plusieurs médecins, et j'ai cité les opérations qu'il avait pratiquées ou concouru à pratiquer depuis deux années. M. Bouvier se contente de nier la première partie de mon assertion. Il n'a déclaré, dit-il, A QUI QUE CE SOIT, que ma méthode fût *vicieuse,* et il n'a *autorisé* personne à lui faire dire qu'elle ne produirait *aucun résultat :* j'avais cité M. Pinel-Grandchamp, qui, sans l'autorisation de M. Bouvier, et seulement par

amour pour la vérité, m'avait permis de me servir de son témoignage.
Or, j'ai prié M. Pinel-Grandchamp de vouloir bien reproduire explicitement ce qu'il pensait des dénégations de M. Bouvier. Voici la réponse
de cet honorable confrère :

Paris, 16 mai 1858.

Monsieur et cher confrère,

Je viens de relire attentivement la lettre que vous avez publiée dans la Gazette Médicale du 14 avril dernier, au sujet de l'opinion que M. Bouvier
m'avait exprimée sur votre méthode de traitement du torticolis et de l'application que vous en aviez faite sur un malade de l'hôpital de la Pitié. Je déclare votre version *très exacte et conforme* à ce que m'avait dit notre confrère M. Bouvier. Je reconnais, d'ailleurs, que vous m'aviez communiqué
l'épreuve de votre lettre (avant de la publier), afin de m'assurer qu'elle ne
contenait rien de plus que ce que je vous avais dit.

Agréez, etc.   *Signé* PINEL-GRANDCHAMP.

Voilà pour les principes que M. Bouvier professait avant sa lettre à
l'Académie. Voyons sa pratique :

J'ai cité quatre opérations de torticolis qu'il avait faites seul ou con-
jointement avec MM. Roux et Magendie, et qui toutes sont contraires
aux principes qu'il professe aujourd'hui. A cela, M. Bouvier répond par
un cinquième cas dans lequel il aurait pratiqué la section sous-cutanée
du tendon sternal, mais où il aurait ÉCHOUÉ, *à cause de la résistance du
cleïdo-mastoïdien.* De plus, il cite M. Maisonneuve comme ayant été témoin, un mois auparavant, d'une première tentative d'une signification
analogue, faite sur le cadavre. En admettant la première de ces deux
assertions comme exacte, ce que je suis loin de reconnaître pour des
raisons qu'il est inutile de donner, je ne puis y voir qu'un argument tout
à fait contraire aux prétentions actuelles de M. Bouvier, et propre à fortifier ma manière de voir. Qu'a fait, en effet, M. Bouvier dans l'opération qu'il cite ? Il a essayé de guérir un torticolis dans lequel les sterno
et cleïdo-mastoïdiens étaient *simultanément* affectés, et cela par la section sous-cutanée *du seul sterno-mastoïdien.* A cette époque, M. Bouvier ne savait donc pas qu'il y eût des cas où le torticolis est causé par

la rétraction du *seul* chef sternal, et des cas où les *deux chefs* sont primitivement affectés; ou bien il ne savait pas distinguer ces cas les uns des autres; ou bien, enfin, il s'est mis en contradiction avec lui-même; trois choses entre lesquelles M. Bouvier sera libre de choisir. On remarquera d'ailleurs que M. Bouvier pose aujourd'hui en principe que le procédé de la section sous-cutanée n'est applicable qu'aux cas où le seul chef sternal du sterno-cleïdo-mastoïdien est affecté (ce que je conteste), et c'est précisément dans le cas contraire qu'il a opéré. M. Bouvier ne possédait donc pas à cette époque l'indication qu'il donne aujourd'hui avec tant d'assurance, quoiqu'il n'ait, depuis son échec, aucune expérience personnelle à alléguer. Je dirai plus, c'est que dans le dernier cas opéré par M. Magendie, avec le concours de M. Bouvier, bien que, suivant lui, le *faisceau sternal fût* SEUL tendu, la section a été faite d'après les anciens procédés, c'est-à-dire après section préalable de la peau. A cette époque, pourtant assez récente, M. Bouvier n'était donc pas encore bien sûr de l'indication qu'il pose si fermement aujourd'hui. Ainsi, la seule opération qu'il invoque comme un titre de priorité, serait un échec, un contresens, qu'il aurait tenu caché à tout le monde, et qu'il n'aurait pas cherché à renouveler dans un cas, de son aveu même, favorable à cette application (le cas de M. Magendie). Je pourrais me borner à ces remarques; mais je ne puis pas même laisser à M. Bouvier la petite satisfaction d'avoir posé une indication vraie, en opposition avec celles que j'ai données pour l'emploi de la section sous-cutanée des muscles sterno et cleïdo-mastoïdiens. M. Bouvier affirme, et cela sans le secours d'aucune expérience, que la section sous-cutanée n'est applicable qu'aux *cas où le seul muscle sterno-mastoïdien* (chef-sternal) est affecté. A cette affirmation *théorique*, j'ai deux *faits* très-positifs à lui opposer. Parmi les cas nombreux de torticolis qui se sont présentés à mon observation depuis la publication de mon mémoire, j'en ai opéré deux qui offraient une rétraction *simultanée* des deux muscles sterno et cleïdo-mastoïdiens, et dans ces deux cas j'ai employé avec un succès complet la section sous-cutanée des deux muscles isolément. La première opération a été faite sur une jeune fille de 13 ans, en présence de

MM. Devergie aîné, Barthélemy, de l'hôpital du Gros-Caillou, et Warren de Boston; la seconde a été pratiquée sur une personne de 38 ans, en présence de M. Mérat, membre de l'Académie de médecine. Pour rendre mon opposition sur ce point avec M. Bouvier aussi complète que possible, je lui porte le défi de signaler un *seul cas*, quel qu'il soit, de torticolis ancien, causé par la rétraction d'un seul ou des deux muscles sterno et cleïdo-mastoïdiens, dans lequel mes procédés de section sous-cutanée de ces muscles ne puissent en opérer la division de la manière la plus complète. Cette déclaration, si elle est fondée, me donne au moins un avantage incontesté sur M. Bouvier, puisqu'il n'admet l'application de mon procédé que comme très-*exceptionnelle*, et que je la donne comme *absolue*. Voici, en deux mots, le fait qui m'a conduit à établir cette règle. Quand les muscles rétractés ne sont pas assez visibles ni assez saillans sous la peau, on peut aisément les faire saillir davantage et les détacher en quelque façon des parties sous-jacentes, par une *rotation* exagérée de la tête, du côté opposé à la rétraction, rotation qui a pour effet de porter les insertions mastoïdiennes des muscles rétractés dans un plan plus antérieur, et par conséquent de placer les deux muscles plus en relief. Ce fait n'est pas sans importance, puisqu'il permet de *généraliser* une opération que M. Bouvier et autres déclarent *très-exceptionnelle*.

Quant à la valeur de l'expérience pratiquée sur le cadavre par M. Bouvier, en présence de M. Maisonneuve, elle ne peut en aucune façon avoir la signification qu'il lui prête. En effet, dans la note que M. Bouvier a rédigée et communiquée *lui-même* à la Gazette Médicale sur ce point, en août 1836, il n'est nullement question du principe qu'il prétend en avoir tiré. Voici, pour compléter cette démonstration, une lettre de M. Maisonneuve que je livre à la méditation de M. Bouvier.

Paris, 16 mai 1838.

Monsieur et très honoré confrère,

Vous me demandez si lors de la dissection que M. le docteur Bouvier a faite en ma présence, au mois d'août 1836, d'un sterno-cleïdo-mastoïdien, sur un sujet affecté de torticolis ancien, il a exprimé l'opinion que l'on pût remédier à

cette difformité en pratiquant la section du seul tendon sternal de ce muscle.
Je dois à la vérité de déclarer que je n'ai pas le moindre souvenir d'avoir entendu exprimer aucune opinion de ce genre. J'ajouterai même que, lorsque,
pour la première fois, après l'opération que vous avez pratiquée à la Pitié
au mois de janvier dernier, vous m'avez fait part de cette idée, je n'ai
pu m'empêcher de vous exprimer combien elle me paraissait neuve et in-
téressante.

Agréez, etc.   MAISONNEUVE.

SECOND POINT. J'ai dit que, suivant d'anciennes habitudes contractées
par M. Bouvier, il avait trouvé convenable d'introduire dans sa lettre imprimée l'énoncé du fait nouveau de l'inclinaison inverse de la colonne
cervicale sur la première dorsale, fait qui ne se trouvait pas dans l'édition
manuscrite de sa lettre à l'Académie, mais qui se trouvait très au long
dans mon mémoire publié dans l'intervalle des deux éditions de sa lettre.
M. Bouvier ne nie pas le fait, mais il le justifie d'une étrange manière.
J'avais observé cette inclinaison, dit-il, chez tous mes malades, et il cite
les malades, leurs noms, leur adresse; il cite M. Roux qui aurait vu ce
fait avec lui ; puis il ajoute que ce fait n'est pas nouveau, que cette inclinaison qui me tient tant à cœur (comme il le dit si bien) n'est autre
chose que la partie supérieure d'une courbure cervico-dorsale. Et d'a-
bord ce fait d'inclinaison que je présente comme une inclinaison réelle, et
non comme l'extrémité d'une courbure cervico-dorsale, du moins dans
le torticolis qui n'est pas compliqué de déviation latérale, est ou n'est
pas une inclinaison. Si ce n'est pas une inclinaison réelle aux yeux de
M. Bouvier, il est inutile de discuter; mais alors pourquoi dire qu'on
l'a observée chez tous les malades, et ne pas dire clairement que le fait
n'existe pas, que c'est une erreur de vision ? Est-ce que M. Bouvier ne
saurait pas encore à quoi s'en tenir, et que pour être sûr d'avoir raison
dans les deux hypothèses, de participer au bénéfice de l'observation dans
les deux cas, il admettrait provisoirement les deux opinions ? Il faut cependant qu'il se décide. Ne sachant pas encore au juste ce qu'il pense et
ce qu'il veut, je suppose qu'il reconnait le fait tel qu'il est et tel que
je l'ai indiqué, savoir que dans le torticolis ancien il y a du côté opposé
à l'inclinaison de la tête, sur la colonne cervicale, une inclinaison de to-

talité de la colonne cervicale sur la colonne dorsale, qui fait équilibre à la première et qui persiste après l'opération chirurgicale. Or en preuve que M. Bouvier aurait vu ce fait avant la publication de mon mémoire, il cite les malades qui le présentaient. Je suis très convaincu que les malades de M. Bouvier présentaient aussi bien que les miens le fait dont il s'agit, comme toutes les pommes tombaient avant que Newton les vît tomber et découvrît pourquoi elles tombaient; mais entre l'existence d'un fait et la découverte de ce fait il y a tout un abîme, tout l'abîme qu'il y a entre la science d'aujourd'hui et la science de l'avenir le plus reculé. Est-ce bien sérieusement que M. Bouvier appelle M. Roux en témoignage comme ayant remarqué avec lui cette inclinaison inverse que je crois avoir signalée le premier? Voilà qui pourra éclairer sur la valeur de ce dernier témoignage. Il y a six semaines environ, à la veille d'adresser mon mémoire à l'Académie des sciences, j'ai eu l'honneur d'aller trouver M. Roux pour lui demander quelques renseignemens sur les deux malades qu'il avait opérés. Je lui ai exposé et présenté comme une chose nouvelle et qui m'était propre, le fait de l'inclinaison consécutive persistant après la section des muscles : j'ai même crayonné la disposition de la colonne cervicale sous les yeux de cet habile chirurgien, qui ne m'a dit en aucune façon avoir observé rien de semblable.

Troisième point. J'ai dit que M. Bouvier n'avait point employé de traitement mécanique consécutif pour compléter le redressement de la tête et du cou. M. Bouvier rappelle les essais malheureux qu'il a faits, doublement malheureux, puisque, dans un cas, ils n'ont pu être supportés, et dans aucun ils n'ont produit de résultat. Qu'est-ce que cela fait à la chose que M. Bouvier ait ou non eu recours à des essais grossiers de traitement consécutif, dépourvus de principes et sans indications précises, s'il ne connaissait pas le fait capital de l'inclinaison qui motive ce traitement et s'il n'employait rien pour combattre cette inclinaison? J'engage beaucoup M. Bouvier à présenter à la commission de l'Académie des sciences les malades au traitement desquels il a concouru. Il prouvera si je suis fondé à croire que ces malades conservent tout ou partie de l'inclinaison consécutive du cou.

Quatrième point. M. Bouvier m'accuse d'avoir soulevé la discussion actuelle, d'avoir le premier réclamé pour moi ; il affirme, au contraire, avoir, dès l'abord, rendu justice à qui de droit. Ceci serait peu important ; mais comme il est à craindre que des discussions semblables ne se renouvellent, il est bon que je fasse remarquer comment elles viennent, pourquoi elles viennent, et par qui elles viennent. Dans le cas dont il s'agit, j'avais fait deux opérations nouvelles, j'avais exposé publiquement des idées nouvelles sur une difformité qui n'avait occupé jusqu'ici personne aux mêmes points de vue scientifique et pratique. Mes idées et mes expériences avaient été communiquées à M. Bouvier, qui pendant deux mois les avait combattues. Cependant il se décide à aller seul visiter mon malade à la Pitié ; il l'examine de toutes les façons ; et, juste au moment où il le trouve guéri, le voilà qui, oubliant ses critiques et son incrédulité de la veille, s'empresse d'adresser à l'Académie une lettre sur des opérations pratiquées, long-temps auparavant, par d'anciens procédés, lettre où il rappelle un échec datant de deux ans, dont il n'avait dit mot jusque-là, et à l'aide duquel il se fonde un prétendu titre de priorité, établit des règles, des indications, discute, résout la plupart des points que j'avais résolus par l'expérience, et il appelle cela rendre justice à qui de droit. Il y aurait vraiment de quoi soulever l'indignation du plus calme, si de pareils procédés ne devaient pas inspirer plus de pitié que de colère. Je vais citer un dernier fait, qui montrera que ce n'est pas avec des traits de plume que j'efface les loyautés de vieille date.

Parmi les recherches que j'ai présentées au concours de l'Académie des sciences pour le grand prix de chirurgie, la commission a bien voulu signaler à part, *et comme d'une très grande importance* (1), *mes recherches sur les difformités générales chez les monstres et les fœtus,* et le rapport a indiqué avec développement les principaux faits composant cette partie de mon travail. Eh bien ! au mépris de cette publication solennelle, mais livrée à l'indifférence d'une époque tournée vers d'autres questions, M. Bouvier s'empare du fait capital de mes recherches,

---

(1) Rapport sur le concours pour le grand prix de chirurgie, pag. 22.

de la rétraction musculaire liée aux affections convulsives de certains monstres, du fœtus et de l'enfance, rétraction musculaire qui donne la clé de la grande généralité des difformités articulaires congéniales, restées jusqu'ici dans la plus complète obscurité, M. Bouvier s'empare, dis-je, de cette découverte, et il vient, dans deux séances de l'Académie de médecine, étaler avec complaisance sous les yeux des membres qui l'admirent, des faits qui sont la répétition exacte de ceux que j'avais découverts; et cela sans qu'il ait été plus question de mes travaux que si jamais ils n'eussent existé. Cependant M. Bouvier a de bonnes raisons pour les connaître! Je signale ce fait à l'attention des honnêtes gens, et leur laisse à décider si c'est avec des traits de plume que j'efface les loyautés de vieille date.

Je me dispense de répondre aux autres points de la lettre de M. Bouvier, ma lettre à M. Dezeimeris y pourvoira.

IV. **LETTRE A M. DEZEIMERIS, BIBLIOTHÉCAIRE DE LA FACULTÉ DE MÉDECINE DE PARIS, ET RÉDACTEUR EN CHEF DE L'EXPÉRIENCE** (1).

Nous devons quelques explications à nos lecteurs pour l'intelligence de la lettre qui va suivre. Ils savent que nous avons publié un mémoire sur le traitement du torticolis ancien. Ainsi que nous le disions dans le dernier numéro, les idées que nous avons émises comme nouvelles sur ce point de chirurgie ont choqué quelques personnes. Des rivaux ont d'abord réclamé pour eux; puis ils ont réclamé pour les autres. Puis sont venus les érudits de profession qui ont réclamé pour les Anglais, les Allemands et les morts, comme s'il eût été question de la découverte du Nouveau-Monde ou tout au moins d'une planète nouvelle. Cette petite guerre nous a singulièrement flatté et nous a fait beaucoup d'honneur; mais il a fallu répondre : car le public, surtout le public occupé, est assez disposé à croire les gens qui parlent contre les gens qui se taisent. Après plusieurs escarmouches sans importance, nous avons été définitivement écrasé, au dire de certaines personnes, par le savant

---

(1) Gazette Médicale du 5 mai 1838.

bibliothécaire de l'Ecole-de-Médecine, sans contredit le plus grand bibliophile médical de l'époque. Nous avons essayé de lui répondre par la lettre qu'on va lire.

Monsieur,

Malgré vos savans efforts pour lever tous mes doutes et résoudre toutes les difficultés que j'ai soulevées, j'ai conservé la plupart de mes opinions; et, vous l'avouerai-je, j'ai puisé, dans la dissertation dont vous avez honoré ma dernière lettre, de nouveaux argumens propres à fortifier mes convictions. La bienveillance avec laquelle vous avez accueilli mes précédentes explications m'enhardit à vous soumettre mes derniers scrupules.

Avant d'entrer en matière, permettez-moi, Monsieur, de vous faire une remarque et de vous adresser une prière. Je connais le désavantage auquel on s'expose en se livrant au dernier mot d'un journaliste : il peut, avec deux lignes d'un auteur, non plus le faire pendre, mais le rendre infiniment absurde. Votre sagacité et votre bonne foi reconnues vous feront dédaigner sans doute ces ressources des esprits faux, faibles et chagrins. En conséquence, j'ose vous prier 1° de publier ma lettre en entier et sans fautes d'impression; 2° de ne pas en interrompre la suite au moyen de notes propres à la rendre inintelligible, sinon illisible; 3° d'accepter la discussion sur les points qui me paraissent encore obscurs, et de vous en tenir rigoureusement à l'éclarcissement de ces seuls points. Sans ces concessions de votre part, nous courrions le risque de discuter toute l'année, ce qui, malgré la modération habituelle de vos lecteurs, pourrait finir par leur faire perdre patience.

Vous prétendez, Monsieur, 1° que l'allemand Ammon a fait connaître exactement le procédé de Dupuytren pour la section du sterno-mastoïdien; 2° que M. Coster est d'accord avec Ammon sur ce point, et que l'un et l'autre ne font que s'éclairer mutuellement; 3° que j'ai mal compris et mal rendu le texte et la pensée de M. Coster; 4° que le procédé que j'ai employé pour la section du sterno-mastoïdien est le même que celui de Dupuytren; 5° que dans le cas où Dupuytren n'aurait pas fait.

l'opération que lui attribuent Ammon, Aperill et Froriep, ces chirurgiens n'en resteraient pas moins les véritables inventeurs de l'opération *que je viens d'inventer* ; 6° que Richter a donné avant moi le précepte de couper, dans la plupart des cas, la portion du muscle qui s'attache au sternum ; 7° que vous avez vu, dans le même Richter, l'indication de la nécessité presque constante de *compléter* la cure par l'emploi de machines ou de bandages *appropriés* ; 8° enfin, que Syme m'a devancé dans la *seule* découverte qui *pût me rester* après Richter. Voilà, monsieur, huit affirmations bien nettes, bien précises, extraites presque mot pour mot de vos notes : vous me pardonnerez d'en remettre un aussi grand nombre en discussion, quand je vous dirai que de ces huit propositions, il n'en est pas une qui ne m'ait paru très hasardée. Je crois pouvoir me flatter (pour me servir de vos expressions), avec le secours de mon traducteur et des textes que vous avez invoqués, et que vous avez mis généreusement à ma disposition, de vous donner cette conviction à vous-même: c'est vous dire que je compte beaucoup sur votre loyauté et votre bonne foi.

Premier point. Suivant Ammon, Dupuytren a fait une *seule* ponction à la peau, près du bord interne et de l'attache inférieure du sterno-mastoïdien ; il a *introduit* dans cette ouverture, derrière le muscle, un *bistouri boutonné* jusqu'au-delà du bord externe du faisceau cleïdo-mastoïdien ; puis il a fait la section du muscle d'arrière en avant, sans diviser la peau. Suivant moi, Dupuytren a pu faire une *seule ponction*, mais avec *deux* ouvertures à la peau, qu'il a traversée de part en part; il ne s'est pas servi d'un bistouri boutonné, mais d'un seul bistouri droit, pointu, pendant toute l'opération. D'après cela, Ammon se serait trompé sur deux points : mon traducteur prétend qu'il s'est trompé sur beaucoup d'autres ; vous allez en juger. Et d'abord, en comparant la version d'*Ammon* avec celles d'*Aperill*, de *Froriep* et de M. *Coster*, on trouve une uniformité littérale dans le récit de ces trois derniers auteurs, et des différences notables avec ce que rapporte Ammon. Ainsi, les trois premiers s'accordent à dire que l'opération a été faite avec le même bistouri, avec un bistouri *droit* et *étroit* ; que la lame de ce bistouri est *sortie au niveau* du bord externe du faisceau claviculaire. (*Bis sie genau an der Aussenseite des Clavicular-Randes herausdrang. Froriep's Notizen*, tom. v, 1823, p. 142.) Vous déciderez si le texte allemand a été bien traduit; quant au texte français de M. Coster, nous l'aborderons tout à l'heure. Seulement, pour ne pas laisser de doute sur ce qu'il fallait comprendre par le mot *sortir* (*herausdrang*), Froriep a eu soin d'ajouter que, au bout de treize jours, les *piqûres* (au pluriel) étaient guéries (*Nach Verlauf von* 13 *Tagen* WAREN DIE STICHWUNCEN *geheilt*). Lequel croire de Ammon ou de MM. Aperill, Froriep et Coster? Voici qui tirera probablement vos lecteurs d'embarras. « Comme l'opération a été pratiquée, dit Ammon, *dans le lit* de la malade, et comme *ce lit était entouré* en ce moment de jeunes médecins, il ne m'a pas été possible de voir l'opération. » Ainsi, l'auteur sur lequel vous fondez toutes vos espérances déclare naïvement n'avoir pas vu le chirurgien opérer. Voici maintenant qui donnera la mesure de son exactitude. Il n'a pu voir, dit-il, parce que l'opération a été pratiquée dans le lit de la malade, et parce que ce lit était entouré d'élèves : or, d'après MM. Froriep et Coster, la malade a été opérée sur une chaise, en face d'une croisée, et ensuite reportée dans son lit. Ceci, vous l'avouerez, Monsieur, ne fait pas honneur à la clairvoyance d'Ammon. Vous auriez pu le tirer de ce pas difficile, en alléguant, comme vous l'avez fait dans votre dernière réplique, que l'opération dont parle Ammon n'est peut-être pas la même que celles dont parlent Aperill, Froriep et M. Coster. Mais d'autres détails de l'observation, entièrement conformes de chaque côté, ne permettent pas de doute à cet égard.

SECOND POINT. — *MM. Coster et Ammon, au lieu de se contredire, ne font que s'éclairer mutuellement.* Oui, à la différence près d'un bistouri pointu à un bistouri boutonné, d'une ouverture de la peau à deux ouvertures, et d'un lit à une chaise.

TROISIÈME POINT. — *J'ai mal compris et mal rendu le texte de M. Coster.* Cette proposition a deux membres qu'il importe de distinguer : *comprendre* et *rendre.* J'avais compris que, quand M. Coster écrit : « On fit glisser la lame sous le muscle jusqu'à ce qu'elle *sortît* au côté externe de son bord claviculaire, » cela voulait dire que l'extrémité de la lame avait dû traverser la peau pour sortir. Votre ingénieuse dissertation sur le sens du verbe *sortir*, que vous rendez synonyme du verbe *dépasser*, m'avait singulièrement ébranlé, je l'avoue. Mais M. Coster n'est pas mort. Je lui ai demandé à lui-même ce qu'il avait vu et voulu exprimer par le mot *sortir*. Voici sa réponse : « Il ne me semblait pas qu'on pût entendre autre chose que ceci : La lame du bistouri étant introduite à plat du bord interne au bord externe de ce muscle et au-dessous de lui, lorsque la pointe *est sortie* et a *traversé la peau au côté opposé* à son introduction, on retourne le tranchant de l'instrument, et l'on opère la section partielle de ce muscle, suivant l'exigence du cas... » Je tiens l'original de la lettre de M. Coster à votre disposition, Monsieur, et je serai heureux de payer, par cette communication, l'obligeance que vous avez mise à me communiquer vos textes. Voilà l'explication de M. Coster. Peut-être, après l'ingénieuse synonymie que vous avez établie entre les mots *sortir* et *dépasser*, ne me serais-je pas complétement rendu au commentaire de M. Coster; mais M. Froriep, d'après Aperill, n'a-t-il pas dit : les *piqûres*, au pluriel? Or, lui aussi s'est servi du mot *sortir*. Le second membre de votre reproche exige quelques éclaircissemens. Suivant ma lettre imprimée dans votre journal, je fais dire à M. Coster, en parlant du procédé de Dupuytren, que la section des muscles a eu lieu *d'avant en arrière*, tandis qu'en réalité le texte de M. Coster porte très-positivement *d'arrière en avant*. En cela je serais très-répréhensible. Mais voici une petite difficulté que vous seul pourrez résoudre. En recourant au brouillon, que j'ai conservé, de ma lettre, j'y ai lu *d'arrière en avant* : dès-lors j'ai à choisir entre une erreur de mon copiste et une erreur de votre imprimeur. Cette alternative est d'autant plus forcée que, dans un article imprimé de la GAZETTE MÉDICALE, paru la *veille* du jour où a paru le numéro de votre journal contenant ma lettre, j'ai publié textuellement l'observation de M. Coster, et j'ai dit, dans mes remarques sur le procédé de M. Stromeyer, comparé à celui de M. Dupuytren : « Cette première observation de M. Stromeyer ne diffère de celle de Dupuytren qu'en ce que la section des deux muscles a été faite d'avant en arrière au moyen d'un bistouri convexe au lieu d'avoir été faite D'ARRIÈRE EN AVANT au moyen d'un bistouri droit. » C'est donc à mon copiste ou à votre imprimeur que s'adresse le second membre de votre reproche. Mon copiste, que j'ai gourmandé par provision, prétend qu'avec un peu de cette clairvoyante humanité qui vous anime pour les auteurs anglais et allemands, vous auriez pu, après la publication de l'article de la GAZETTE MÉDICALE, corriger l'erreur de sa copie ou celle de votre imprimeur (1). Conclusion du troisième point : M. Coster et moi sommes parfaitement d'accord; Aperill et Froriep nous prêtent main-forte; et votre synonymie entre *sortir* et *dépasser* est renvoyée à une prochaine édition des synonymes de l'abbé Girard.

QUATRIÈME POINT. — *Le procédé que j'ai employé est le même que celui de Dupuytren.* Ma réponse est la conclusion de ce qui précède. D'après Aperill ou Froriep, et M. Coster, Dupuytren a fait la section *simultanée des deux muscles,* ou des *deux faisceaux* du sterno-cleïdo-mastoïdien; je fais la section *isolée* du sterno-mastoïdien, ou *successive* des deux muscles; Dupuytren a fait *deux* ouvertures à la peau , je n'en fais *qu'une;* Dupuytren a coupé les muscles *d'arrière* en avant, je les coupe *d'avant* en arrière; Dupuytren a introduit le bistouri du côté *interne* du muscle à son côté *externe;* je l'introduis, pour la section du sterno-mastoïdien, de son côté *externe* à son côté *interne.* Voilà, j'espère, d'assez grandes différences : ce n'est pas le lieu d'en faire ressortir l'importance et les motifs.

CINQUIÈME POINT. — *Dans le cas où Dupuytren n'aurait pas fait l'opération que lui attribuent Ammon, Aperill et Froriep, ces chirurgiens n'en resteraient pas moins les véritables inventeurs de l'opération que je viens d'inventer.* Ce principe est fort juste, mais l'application ne l'est pas. En premier lieu, Aperill et Froriep ne peuvent

(1) Je me suis assuré, en revoyant la copie de ma lettre, qui est entre les mains de M. Dezeimeris, que l'erreur n'est pas le fait de son imprimeur, mais de mon copiste.

avoir part à l'invention dont vous les gratifiez, attendu qu'ils n'ont fait que rapporter fidèlement, comme M. Coster, l'opération de Dupuytren. Reste donc ce pauvre M. Ammon. Il ne se doutait guère qu'en faisant de l'histoire de fantaisie, en prenant un lit pour une chaise, en jugeant la chirurgie française à vue de clocher, il allait se trouver l'inventeur d'un procédé chirurgical fort estimable ; c'est pourtant ce qui lui est arrivé. Oui, M. Ammon a fait, comme M. Jourdain, un procédé chirurgical sans le savoir. Mais ce procédé, inventé comme la prose de M. Jourdain, est-il bien le mien? Heureusement non. Suivant Ammon et les autres chirurgiens qui ont appliqué son procédé, l'introduction du bistouri a lieu de *dedans* en *dehors, sous* le muscle, et la section de ce dernier est faite d'*arriére* en *avant*. Or, pardonnez-moi de vous le répéter, j'introduis mon bistouri de *dehors* en *dedans,* entre la *peau* et le *muscle,* et je coupe d'*avant* en *arrière*. Je renvoie pour les motifs assez importans qui m'ont fait préférer ce procédé, et insister sur les particularités qui le caractérisent, aux considérations d'anatomie chirurgicale exposées dans mon mémoire.

Sɪxɪὲмє ᴘᴏɪɴᴛ. — *Richter a donné avant moi le précepte de couper, dans la plupart des cas, la portion du muscle qui s'attache au sternum.* Cela est vrai, Monsieur; mais vous oubliez une chose, c'est que, de la part de Richter, ce précepte est empirique. De ma part, c'est le corollaire pratique d'une série de vues scientifiques. J'avais établi que le sterno et le cleïdo-mastoïdiens sont deux muscles distincts anatomiquement et physiologiquement; j'avais démontré, à l'aide de caractères précis et d'expériences nouvelles, que, dans la généralité des cas, le chef sternal ou le sterno-mastoïdien est seul primitivement rétracté ; j'en ai déduit le précepte de la section isolée de ce muscle. Vos lecteurs jugeront de la différence.

Sᴇᴘᴛɪὲмє ᴘᴏɪɴᴛ. — *Vous avez vu dans le même Richter l'indication de la nécessité presque constante de* ᴄᴏмᴘʟéᴛᴇʀ *la cure (du torticolis) par l'emploi de machines ou de bandages* ᴀᴘᴘʀᴏᴘʀɪés. Cette proposition, je vous l'avoue, m'avait d'abord fort effrayé; car elle tendait à me dépouiller de ce dont je fais le plus de cas, et de ce que je crois le plus nouveau dans mon travail. Mais, grâce à l'exemplaire allemand de Richter, que vous avez eu la bonté de me communiquer, et grâce à mon traducteur, je me suis un peu rassuré. Voici ce que dit Richter : « Aussitôt après l'opération, la tête reprend plus ou moins sa direction naturelle ; il est néanmoins presque toujours nécessaire de la MAINTENIR dans cette position, au moyen de machines ou de bandages, *jusqu'à la guérison complète de la plaie.* » Cela ne dit pas tout à fait *compléter* le traitement, à l'aide de bandages *appropriés. Maintenir* la tête suppose qu'il n'y a rien à faire de plus pour le redressement ; que l'opération chirurgicale a produit tout l'effet désirable ; tandis que l'indication de *compléter* le traitement à l'aide de machines *appropriées* peut comprendre tout ce que j'ai vu sur l'insuffisance du traitement chirurgical, sur l'inclinaison persistante de la tête sur le cou, et l'inclinaison inverse de la colonne cervicale sur la colonne dorsale, lesquelles inclinaisons, en se balançant, donnent à la tête l'apparence du redressement ; et l'indication des machines *appropriées* peut comprendre non-seulement les machines que j'ai imaginées, mais toutes les machines imaginables, pourvu qu'elles soient *appropriées.* Vous voyez, Monsieur, que malgré ma déférence pour votre sagacité synonymique, je ne puis admettre que *maintenir* et *compléter* soient tout-à-fait la même chose. J'ajouterai que Richter, en ne prescrivant l'emploi des machines que jusqu'à *cicatrisation de la plaie,* n'a pu vouloir dire jusqu'au redressement de la colonne cervicale, et jusqu'à la disparition totale des deux inclinaisons inverses de la tête et du cou, ce qui, comme l'a dit très-spirituellement M. Bouvier, me tient tant à cœur. Vos lecteurs, qui ont justement confiance dans l'exactitude avec laquelle vous interprétez les auteurs, pourraient se demander si ma traduction avec *maintenir* vaut la vôtre avec *compléter.* Permettez-moi de les rassurer sur ce point, et de leur apprendre que la première traduction est de M. le bibliothécaire de l'Ecole-de-Médecine, et la seconde de M. Dezeimeris. Vous leur expliquerez, Monsieur, comment deux hommes aussi bien faits pour s'entendre ont pu traduire, dans le même journal, à quelques jours de distance, le même auteur, de deux manières aussi différentes. La première traduction se trouve EXPÉRIENCE, numéro du 20 avril, p. 539 ; la seconde, EXPÉRIENCE, 30 avril, p. 573.

HUITIÈME ET DERNIER POINT. *Syme d'Edimbourg, par son procédé opératoire, m'a devancé dans la seule découverte qui pût me rester après Richter.* Je suis désolé, Monsieur, d'être obligé de vous rappeler une dernière fois en quoi diffère mon procédé de celui de M. Syme et de tous les autres. M. Syme a fait, comme Dupuytren, comme Ammon, comme Dieffenbach, une ponction au *côté interne* du chef sternal ; je la fais au *côté externe* ; il a enfoncé son bistouri *sous* le muscle *de dedans en dehors* ; je le glisse *entre la peau* et le *muscle* de *dehors* en *dedans* ; il a divisé le muscle *d'arrière en avant* ; je le divise *d'avant en arrière.* D'après le peu de détails de l'auteur anglais, mon traducteur était resté incertain sur la question de savoir si M. Syme avait ou non traversé la peau de part en part, comme Dupuytren, ou s'il n'avait fait qu'une seule ouverture ; je lui ai opposé votre traduction, au moyen de laquelle il n'y a pas de doute possible : vous dites en effet : « On voit que l'auteur n'a fait qu'une SEULE *petite ponction.* » Cependant mon traducteur persiste à dire que le mot SEULE, que vous avez mis comme moi en lettres capitales, ne se trouve nulle part dans l'original. *Small puncture* veut dire petite ponction, mais non une SEULE petite ponction. Or une petite ponction (action de plonger), d'après Aperill, Froriep et M. Coster, n'excluerait pas deux ouvertures à la peau ; et jusqu'à ce qu'on ait trouvé dans le texte de M. Syme le mot *seule*, que vous y avez glissé, par inadvertance sans doute, et jusqu'à ce que le mot ponction veuille dire clairement qu'on n'a pas plongé jusqu'au-delà de la peau du côté opposé, je serai tenté d'ajouter aux différences que le procédé de M. Syme présente avec le mien, celle de deux ouvertures au lieu d'une. J'aurais beaucoup d'autres choses à ajouter pour répondre complètement à votre huitième proposition : car je ne puis consentir bénévolement à reconnaître que le procédé opératoire fût la seule chose qui me restât à découvrir après Richter ; mais, pour justifier ma résistance, il faudrait vous énumérer de nouveau tous les points que vous avez contestés et que je ne crois pas contestables, et en rappeler beaucoup d'autres qui ont échappé jusqu'ici à vos persécutions bibliographiques. Je préfère, Monsieur,

......Si parva licet componere magnis,

imiter le grand Corneille, qu'on appelait de son temps le *soi-disant auteur du Cid*, et vous renvoyer à la lecture de mon mémoire pour y trouver autre chose que ce qu'ont dit Richter, Dupuytren, Ammon, Syme, etc., comme l'auteur du *Cid* renvoyait les Fréron de son temps à la représentation de sa tragédie pour y montrer autre chose que ce qu'ils trouvaient dans les auteurs espagnols.

Agréez, je vous prie, Monsieur, la nouvelle assurance de ma parfaite considération.

JULES GUÉRIN.

Nota. En publiant cette lettre dans la GAZETTE MÉDICALE, nous n'avons pas voulu la faire échapper à la réplique de M. Dezeimeris. Nous prenons l'engagement au contraire de faire connaître la nouvelle réponse de notre savant confrère, lorsqu'elle aura paru dans son journal l'EXPÉRIENCE (1).

V. NOUVELLE RÉCLAMATION DE M. BOUVIER SUR LE TRAITEMENT DU TORTICOLIS ANCIEN (2).

Nous croyions, en publiant la réponse de M. Bouvier à nos articles sur le traitement du torticolis, toute discussion terminée : il n'en a pas été ainsi : nos dernières explications ont provoqué de la part de ce médecin une nouvelle réplique dont nous avions dû ajourner l'insertion à cause des attaques personnelles qu'elle contenait. M. Bouvier, ayant consenti à se renfermer dans la question scientifique, nous insérons volontiers sa lettre, d'autant plus qu'elle nous fournira l'occasion de préciser quelques points de science sur lesquels notre confrère ne paraît pas encore fixé. Voici la lettre de M. Bouvier.

------

(1) M. Dezeimeris n'a pas répondu.
(2) GAZETTE MÉDICALE du 16 juin 1838.

Réponse de M. Bouvier au nouvel article de M. J. Guérin (Gaz. Méd. du 19 mai).

Paris, ce 22 mai.

Les réflexions dont M. J. Guérin a accompagné ma réclamation du 19 mai me mettent dans la nécessité de lui adresser une réplique. Je m'abstiendrai, toutefois, de lui renvoyer ce qu'il peut y avoir de personnel dans ses expressions, persuadé que le bon droit ne perd rien à se passer de pareils argumens.

La lettre de M. Pinel-Granchamp ne prouve qu'une chose; c'est que cet estimable confrère, dont chacun reconnaît la droiture, s'est mépris en croyant comprendre ma pensée tout entière, et en prenant pour l'expression complète d'une opinion nettement précisée des paroles échangées au sein d'une réunion qui n'avait rien de scientifique, et dans laquelle je ne songeais à rien moins qu'à formuler des propositions sujettes à l'argumentation. Je le répète, je n'ai nullement entendu lui déclarer que la section sous-cutanée du sterno-mastoïdien ne fût jamais applicable au traitement du torticolis ancien. Jamais, depuis mon premier essai, je n'ai perdu de vue ce procédé, qu'il était si naturel de transporter du pied au cou; il en a été souvent question entre les grands praticiens que j'ai assistés et moi; si nous n'y avons pas eu recours de nouveau, c'est que nos malades ne nous ont point offert des conditions favorables à l'emploi de cette méthode; et certes, la nécessité de ces conditions spéciales devait être encore plus évidente pour moi, après le refus motivé que M. Dieffenbach, si exercé à ce mode d'opérer, m'avait fait de pratiquer la section sous-cutanée sur la nommée Eugénie Dubois, ainsi que je l'ai rapporté dans l'Expérience du 20 avril.

Je le répète aussi; ma conduite dans les cas que je viens de rappeler est entièrement conforme aux principes contenus dans ma lettre à l'Académie; et ce n'est pas ma faute si M. Guérin persiste à voir là une contradiction, malgré les explications que j'ai données à ce sujet, et sur lesquelles je ne reviens pas.

M. Guérin n'eût pas grossi son article de la lettre de M. Maisonneuve, dont le défaut de mémoire ne prouve rien, si, au lieu de s'en tenir à la Gazette Médicale, il avait pris la peine de consulter la Gazette des Hôpitaux du 18 août 1836, où il aurait vu, page 392, que sur le cadavre que j'ai examiné en présence de M. Maisonneuve, « la division du faisceau sternal avait même » suffi pour ramener le cou à la rectitude. »

M. Guérin essaie de prouver que ma première opération elle-même est en opposition avec mes *prétentions actuelles;* mais ici encore il s'appuie sur des faits présentés d'une manière inexacte ou incomplète. Je vais me borner à les rétablir ; les conséquences qu'il en tire tomberont d'elles-mêmes.

1° J'avais assez clairement expliqué dans l'EXPÉRIENCE du 20 avril la succession des faits et des idées qui m'appartiennent pour que M. Guérin ne dût point se croire en droit de me reprocher de n'avoir pas encore fait en 1836 mes observations du mois d'août 1837.

2° J'ai dit les motifs qui nous avaient décidés chez le malade opéré par M.-Magendie à ne point pratiquer la section sous-cutanée, et M. Guérin raisonne comme si j'avais complètement gardé le silence.à cet égard.

3° Je n'ai point dit dans ma lettre à l'Académie que la section sous-cutanée ne convînt qu'au cas d'affection presque exclusive du faisceau sternal ; chacun peut y lire que j'ai admis des cas fort rares, dans lesquels ce procédé est applicable au faisceau claviculaire.

Après diverses interprétations basées sur ces omissions, M. Guérin pose enfin entre lui et moi la question scientifique, dont il n'aurait jamais dû s'écarter. Je l'accepte telle qu'il l'a posée ; l'expérience prononcera ; elle dira quelle est la règle, quelle est l'exception, dans le traitement du torticolis ancien, de la section sous-cutanée ou de la section avec incision des tégumens. Si elle me condamne, ce que je ne suis pas obligé de croire d'avance, je m'applaudirai d'avoir donné lieu à une enquête solennelle, qui aura tourné au profit de l'art.

Que sert à M. Guérin de travestir encore les faits relatifs aux traitemens mécaniques que j'ai dirigés après la section du sterno-cleïdo-mastoïdien ? Croit-il, par les épithètes qu'il leur prodigue, donner le change à ceux qui en ont été témoins, et convaincre les autres qu'il juge sainement de ce qu'il n'a pas même vu ?

Si j'ai compris l'objection de M. Guérin au sujet de l'inclinaison inverse de la partie inférieure du cou, que je regarde comme la partie supérieure d'une courbure cervico-dorsale, ce ne serait plus alors, suivant lui, une *inclinaison réelle* du rachis. J'avoue en toute humilité que j'étais jusqu'ici fermement convaincu qu'un arc quelconque du rachis se déviait ou *s'inclinait*, par rapport à l'horizon, en sens contraire dans ses deux moitiés, et je ne voyais aucun inconvénient à considérer l'épine comme offrant dans chacune d'elles une inclinaison *très réelle*. M. Guérin en juge autrement, et cette équivoque une fois levée, il nous sera facile de nous entendre ; car je lui accorde, sans restriction, qu'il aura fait une découverte à laquelle ses devanciers n'auront aucune prétention, lorsqu'il aura prouvé qu'après l'opération du torticolis il subsiste une inclinaison inverse de la colonne cervicale réellement indépendante de toute courbure cervico-dorsale. De son côté, il renoncera, je pense, à toute prétention relativement à ce fait, s'il reste prouvé que cette inclinaison est de la nature que j'ai indiquée.

Après avoir repoussé l'accusation élevée contre moi par M. Guérin, par un exposé véridique des faits, dans mes lettres du journal l'Expérience et dans la Gazette Médicale, je n'ai plus que des dénégations formelles à opposer aux affirmations qui reproduisent et résument ses assertions. Je nie que, pendant deux mois, j'aie combattu les idées de M. Guérin autrement que je ne les combats aujourd'hui ; que l'examen que j'ai fait de son malade, sur l'invitation d'un tiers, ait rien changé ni rien ajouté à ce que m'avaient appris mes observations antérieures et les communications directes de M. Dieffenbach ; observations et communications qui, indépendamment même des autres faits depuis long-temps acquis à la science, me donnaient bien le droit de *poser des règles et des indications, de discuter, de résoudre des questions*, sans en demander la permission à qui que ce soit.

Je n'ai qu'un mot à dire du nouveau grief de M. Guérin. Le fait de la rétraction musculaire liée aux affections convulsives, et donnant l'explication de certaines difformités articulaires congéniales, ne lui appartient pas. Ceux qui prendront la peine de lire l'art. VI de *l'Orthomorphie* de Delpech, tome Ier, page 154, y trouveront assez explicitement, je pense, les idées que M. Guérin m'accuse de lui avoir empruntées. Ils remarqueront entre autres le passage suivant (page 175) : « Si l'enfant dont nous venons de faire l'his-
» toire.... avait essuyé quelques jours plus tôt les *convulsions*, elles se se-
» raient passées dans l'utérus, et l'on aurait manqué d'un renseignement
» important. Des événemens semblables peuvent avoir précédé la naissance
» dans les cas de l'espèce dont il s'agit : alors la principale scène extérieure
» serait perdue, parce qu'elle se serait passée pendant la vie intra-utérine, et
» il n'en resterait plus que les résultats, la *difformité*. » Or, je le demande, si j'avais eu à traiter l'histoire de l'art dans mes dernières communications à l'Académie sur les rétractions musculaires du fœtus et de l'enfance, qu'y eût gagné M. J. Guérin ?

RÉPONSE A LA RÉCLAMATION QUI PRÉCÈDE.

Je ne répondrai que quelques mots aux principales assertions de M. Bouvier.

1° Et d'abord, en ce qui concerne la conversion subite que j'avais signalée dans les idées de M. Bouvier, je ne pense pas que de simples dénégations détruisent la surabondance de preuves que j'avais données, preuves étayées, d'ailleurs, des témoignages si explicites de nos honorables confrères MM. Pinel-Grandchamp et Maisonneuve. Je laisse donc le public juge sur le premier point.

2° Relativement au fait de l'inclinaison inverse de la colonne cervicale, que je croyais avoir signalé le premier comme fait anatomique nouveau et comme indication nouvelle à un traitement mécanique consécutif mieux entendu, M. Bouvier m'accorde, sans restriction, que j'aurai fait une découverte à laquelle mes devanciers n'auront aucune prétention lorsque j'aurai prouvé qu'il subsiste, après l'opération du torticolis, une inclinaison réellement indépendante de toute courbure cervico-dorsale. Je pourrais me borner à accepter la question telle que M. Bouvier la pose, et je l'accepterai, en effet, de cette manière : mais, avant cela, je dois dire que je ne consens pas à circonscrire la nouveauté de mon observation dans les limites qu'il lui assigne. Ainsi, que l'inclinaison du cou en sens inverse de l'inclinaison de la tête soit ou non une inclinaison essentielle, ou une inclinaison résultant d'une courbure cervico-dorsale, j'établis d'abord que ce fait d'inclinaison, considéré comme fait constamment lié au torticolis ancien, et considéré indépendamment de la raison de son existence, est un fait nouveau, que nos prédécesseurs n'avaient pas remarqué. Maintenant, pour remplir les conditions du programme de M. Bouvier, j'ajouterai que l'inclinaison inverse de la colonne cervicale sur la région dorsale est bien réellement une inclinaison essentielle, c'est-à-dire qui a une existence propre, qui n'est pas formée par le segment supérieur d'une courbure cervico-dorsale, mais qui résulte d'un mouvement d'abaissement latéral de la colonne cervicale sur la colonne dorsale restée droite, mouvement dont le centre principal est dans l'articulation de la septième cervicale avec la première dorsale. La réalité de ce fait et de cette explication est incontestable dans les cas simples. Si l'on examine la direction de la colonne depuis la première vertèbre dorsale jusqu'au sacrum, on la trouve rigoureusement droite et suivant exactement la verticale. J'ai fait voir plusieurs cas de ce genre à MM. Savart, Lisfranc, Pinel-Grandchamp, Sédillot, Devergie aîné, Barthélemy, Laurens, et autres médecins. M. Bouvier pourra en voir un bel exemple à l'hôpital de la Pitié, salle Saint-Augustin, sur une jeune fille de dix-sept ans, que je vais opérer d'un torticolis produit par la rétraction des deux muscles sterno et cleïdo-mastoïdiens. Dans les cas compliqués, c'est-à-dire lorsqu'il y a réellement une courbure cervico-dorsale, ce qui arrive dans des circonstances que je me propose de faire connaître plus tard, l'inclinaison essentielle peut encore être facilement distinguée de la courbure. En effet, la courbe dorsale qui fait suite à l'angle d'inclinaison est toujours d'un rayon plus grand que la courbe résultant de la réunion de la colonne cervicale avec la colonne dorsale; en sorte qu'au niveau de l'articulation de la dernière cervicale avec la première dorsale, le segment cervical s'incline plus ou moins brusquement sur le segment dorsal, et forme, en ce point, un angle plus ou moins aigu, qui interrompt la régularité de la courbe cervico-dorsale, et atteste l'existence distincte, quoique simultanée, de l'inclinaison et de la courbure. C'est faute d'avoir fait cette distinction que M. Bouvier n'a pas cru jusqu'ici à l'existence propre de l'inclinaison cervicale. Je possède un certain nombre de plâtres où ces deux faits sont impossibles à méconnaître. J'ajouterai que, dans les huit cas de torticolis ancien qu'il m'a été donné d'opérer jusqu'ici, toujours l'inclinaison inverse du cou a persisté après la section des muscles rétractés. Il suffit de voir attentivement les dispositions anatomiques du cou dans cette difformité pour s'assurer que le contraire est impossible. Je pense donc que, sur ce second point, M. Bouvier consentira à passer tout à fait condamnation.

3° J'ai reproché à M. Bouvier d'être venu présenter à l'Académie, comme résultat de son observation propre, un exemple de difformité générale articulaire chez le fœtus, causée par la rétraction générale des muscles, bien que ce fait ne fût que la répétition de ceux qui m'ont servi à DÉMONTRER le premier l'existence de la rétraction musculaire comme cause générale des difformités articulaires chez les monstres et le fœtus. A cela M. Bouvier répond par une phrase tronquée de Delpech où il prétend retrouver toutes mes idées et mes recherches. Aux citations et aux interprétations de M. Bouvier déjà produites lors du concours pour le grand prix de chirurgie, je pourrais répondre par le jugement qu'a porté sur cette partie de notre discussion la commission de l'Académie des sciences; mais comme j'ai pour me défendre auprès du public les argumens qui m'ont fait obtenir gain de cause auprès de ce savant aréopage, je n'invoquerai jamais à mon profit le bénéfice de la chose jugée; je m'empresserai au contraire de soumettre à l'opinion de tous, les élémens de la décision de nos premiers juges : ceci soit dit une fois pour toutes. Or je crois avoir démontré le premier que la grande généralité des difformités articulaires congéniales, telles que les luxations, les subluxations, les pieds-bots, les mains-bots, les déviations de l'épine, et autres difformités articulaires moins frequentes, sont le résultat de la rétraction musculaire convulsive et de l'arrêt de développement des muscles consécutif à cette rétraction. Il est inutile de rappeler les recherches multipliées auxquelles je me suis livré pour mettre ce point de science hors de doute ; je me borne à dire que j'ai rapporté une série de cas de difformités de toute espèce chez les monstres et le fœtus, depuis la difformité générale de toutes les articulations jusqu'au simple pied-bot, dans lesquels il était impossible de ne pas reconnaître la simultanéité décroissante de l'affection convulsive et de la difformité, et la subordination matérielle de la difformité à la rétraction musculaire ; je renvoie sur ce point au rapport de l'Académie des sciences (p. 20)..La question ainsi précisée, voyons quel était, avant mes recherches, l'état de la science à son égard, quelle était la vraie doctrine de Delpech, et enfin quelle était celle de M. Bouvier.

Si l'on voulait juger de l'état de la science à l'égard de l'étiologie des difformités articulaires, il suffirait de lire le compte-rendu de la discussion qui a eu lieu à l'avant-dernière séance de l'Académie de médecine sur la cause des pieds-bots. Les théories de la compression, des positions vicieuses, des arrêts de développement, des brides, ont seules eu les honneurs de la discussion. Il en serait bien autrement à l'égard des luxations congéniales, des déviations de la colonne, et des autres difformités articulaires, pour la formation desquelles on n'avait proposé jusqu'ici que des hypothèses. Or, nous avons substitué à ces théories vagues, dépourvues de preuves directes, une étiologie générale, basée sur des faits matériels incontestables, et auxquels il ne manque que d'avoir été publiés dans leurs détails pour être universellement acceptés. Cette étiologie, c'est la rétraction musculaire convulsive ; fait si évident, si général chez un grand nombre de monstres, et dans lequel cependant personne n'avait eu l'idée de trouver réciproquement la clef de ces monstruosités, et l'origine des difformités articulaires qui les accompagnent. Cette assertion est-elle contradictoire aux opinions dont M. Bouvier fait honneur à Delpech? Nous allons voir.

Et d'abord, en aucun endroit de ses ouvrages, Delpech n'a décrit un seul cas de difformité articulaire générale chez les monstres ou le fœtus, en aucun endroit il n'a dit mot de ces faits ni de leur étiologie. M. Bouvier nous renvoie au chapitre traitant du pied-bot. Qu'y trouve-t-on? «Que les muscles du mollet sont arrêtés dans leur développement par l'effet d'un vice de l'un des faisceaux de la moëlle épinière, qui rend l'inervation et partant la nutrition moindre *dans toute la moitié* correspondante du corps (p. 164). » Et Delpech, sans s'expliquer davantage sur cette hypothèse, ajoute plus loin : « On sait quels rapports il y a constamment entre la forme des parties de cet organe (la moëlle épinière), qui correspondent à l'avant-train et à l'arrière-train dans tous les animaux, et la force des appendices : là où doivent se trouver des ailes grandes et fortes, un plexus axillaire volumineux, la moëlle présente un renflement sensible au bas de la région cervicale (p. 170).» Voilà la vraie théorie de Delpech, c'est-à-dire un manque de développement des muscles et des autres parties du membre, lié à un amoindrissement (supposé) d'un des cordons de la moëlle. L'auteur termine l'exposé de sa théorie par ces mots : « Il est à regretter qu'on n'ait pas fait quelques recherches touchant la partie déclive de la moëlle épinière dans les cas de cette espèce : les occasions nous ont manqué. (*Id.*) » Quant au passage cité par M. Bouvier, il est extrait d'une observation particulière, que Delpech présente comme exceptionnelle et comme d'un autre ordre (p. 171). Ce passage n'exprime , d'ailleurs, qu'une simple hypothèse tout exceptionnelle : « Des événemens semblables *peuvent* avoir précédé la naissance. » Peuvent, voilà tout; et dans tout l'ouvrage il n'est plus question de cette hypothèse énoncée incidemment, à l'occasion d'un cas particulier, sans aucun fait, sans aucune preuve, et complètement en-dehors de la théorie générale de l'auteur.

Nous ne pouvons mieux préciser le sens et la valeur de cette hypothèse et de toute la théorie de Delpech qu'en citant l'opinion que M. Bouvier en avait avant la conversion qui paraît s'être opérée dans son esprit. « *Rien ne prouve,* dit M. Bouvier, qu'à part cette circonstance ÉVIDEMMENT EXCEPTIONNELLE (d'une maladie de l'axe cérébro-spinal) le pied-bot soit la conséquence de la brièveté primitive des muscles rétractés, comme le croyaient Duverney et Delpech. Cette brièveté ne préexiste point à la déviation ; elle est TOUJOURS *consécutive,* et ce serait, suivant la juste expression de Scarpa, confondre l'*effet* avec la *cause,* que de regarder cet état des muscles comme le point de départ ordinaire de la déformation (1). » Est-il possible d'être plus explicite? On le voit : en 1835, M. Bouvier disait, en parlant de l'opinion de Delpech, qu'il m'oppose aujourd'hui : RIEN *ne prouve* qu'il en soit ainsi ; et, en parlant de la théorie à laquelle il paraît se convertir : *la brièveté des muscles est* TOUJOURS *consécutive.*

Ainsi, l'hypothèse tout exceptionnelle, proposée pour le seul pied-bot, et jetée comme par hasard dans une observation particulière, par Delpech, ne *prouvait* rien alors ; et elle était si peu de chose aux yeux de M. Bouvier, qu'il déclarait que le contraire avait *toujours* lieu. J'ai remplacé l'hypothèse exceptionnelle de Delpech par une théorie générale, applicable à toutes les difformités articulaires, et reposant sur un grand nombre de faits matériels incontestables. Dès-lors, une révolution involontaire et à son insu, sans doute, s'est opérée dans les convictions de M. Bouvier. Mais, cette fois, il n'en sera pas comme pour le torticolis : notre confrère ne s'était pas borné à confier ses premières opinions à M. Pinel-Grandchamp : il les avait écrites, signées et publiées: *Scripta manent* (2) *!*

---

(1) *Dictionnaire de médecine et de chirurgie pratiques,* article PIED-BOT, par M. BOUVIER, t. XIII, p. 85.

(2) Pour terminer toute discussion sur ce sujet, M. Bouvier nous fait remettre la note qui suit, dont nous prenons acte :

« L'opinion que j'ai exprimée dans le passage ci-dessus de mon article *pied-bot* est encore celle que je professe aujourd'hui; c'est-à-dire que la rétraction musculaire convulsive n'est à mes yeux, aujourd'hui comme alors, qu'une cause *évidemment exceptionnelle* de difformité congéniale, et du pied-bot en particulier. »